인문학의 첫걸음

천자문을
읽는다

인문학의 첫걸음

천자문을 읽는다

윤선영 편역

홍익피앤씨

우리는 누구나 어린 시절에 〈천자문〉이라는 책을 접했습니다. 그
래서 자세히 공부하지 않았더라도 "하늘 천天, 땅 지地, 검을 현玄,
누를 황黃"이라는 구절은 그 어떤 노래 가사보다 더 익숙하게 다
가옵니다.

〈천자문〉은 아주 오래전부터 유소년들의 한자 학습과 쓰기 연
습에 교본으로 사용되었던 만큼 어린아이들이 공부하는 책이라
는 이미지가 강했습니다.

그런데 너무도 유명한 첫 구절을 지나고 나면 다음에 어떤 내
용으로 이어지는지 쉽게 떠오르지가 않습니다. "집 우宇, 집 주宙,
넓을 홍洪, 거칠 황荒……." 우주는 넓고 거칠다는 천문학적인 해
석과 철학적 의미가 더해져서 처음부터 조금 어렵게 다가오기 때
문입니다.

심오하고도 무거운 내용이 이어지면서 점차 책에 흥미를 잃게 되고, 내용의 탐구는 포기한 채 1,000개의 한자를 연습장에 써보는 것으로 만족합니다.

그러면서 〈천자문〉을 처음부터 끝까지 다 읽었다고 생각하게 됩니다. 분명 〈천자문〉을 공부했지만 어떤 내용이 있었는지 상기해보면 "하늘 천, 땅 지"만 무한 반복하는 자신을 발견하고는 멋쩍은 웃음이 나옵니다.

〈천자문〉은 한마디로 정의하기가 어려운 책입니다. 일관된 주제 없이 인간 생활과 관련한 여러 방면의 이야기를 다양하게 포괄하고 있기 때문입니다. 천상계와 자연현상에 관련한 의미심장한 내용으로 시작하여 고대 중국의 문명과 발전을 얘기합니다.

그런가 하면 당대 훌륭한 지도자들과 위인들의 행적이 펼쳐지다가 유가儒家에서의 도리와 처신, 직분에 관한 얘기도 나옵니다. 역사적 인물들과 관련한 고사가 흥미롭게 이어지다가 갑자기 의미 없는 어조사들이 나열되면서 끝납니다.

아직 학교도 가지 않은 아이들이 이처럼 다양한 스펙트럼의 이야기를 접하고 모두 소화하기에는 상당히 버거웠을 것입니다. 이것이 바로 어렸을 때 〈천자문〉을 배웠을지라도 어른이 되어 다시 한 번 꼭 읽어야 하는 이유입니다.

요즘 어른이라고 하면 마흔을 지날 무렵을 가리킨다는 데 대부분 동의할 것입니다. 20대나 30대는 아직 자기 삶을 일으켜 세우기에 바빠서 진짜 어른다운 존재감을 드러내기엔 역부족이기 때문입니다.

공자는 '나이 마흔에 미혹되지 않는다[四十而不惑]'고 했고, 맹자는 '마음이 흔들리지 않는다[四十不動心]'고 했습니다. 송나라의 철학자인 주희는 '마흔이 되면 도가 밝아지고 덕이 성취된다[道明德立]'고 하였습니다.

한마디로 말해서 마흔 무렵은 뭔가 완성되어 있어야 하는 시기라는 것입니다. 그렇지만 평균수명이 80세를 상회하는 오늘의 마흔 살은 너무도 젊고, 아직 배울 게 많은 나이입니다.

지금 마흔 무렵을 살아가는 이 시대의 어른이라면 삶의 깊이와 넓이를 더하기 위해 다시 인문학을 공부해야 합니다. 인문학을 통해 삶을 통찰하는 지혜를 접하고, 그것을 바탕으로 진짜 어른으로 거듭나야 합니다. 그런 의미에서 인문학의 첫걸음이라 할 〈천자문〉을 권하는 것입니다.

〈천자문〉에 담긴 다양한 이야기를 통해 우리는 각자 인생에 필요한 여러 가지 교훈을 얻을 수 있습니다. 그렇기에 필연적으로 여러 동양 고전에서 비슷한 의미를 담고 있는 구절을 쉽게 찾아볼 수 있습니다.

이 책은 〈천자문〉 원문에 최대한 충실하면서 관련한 유명 고전들까지도 함께 다루고 있습니다. 자, 그럼 이제 고대 중국의 문화와 역사, 천문과 사상 등을 두루 아우르는 넓고도 깊은 인문학의 세계로 여행을 떠나보도록 하겠습니다.

윤선영

젊은 날의 다짐으로 돌아가 나를 찾고, 응원하고, 격려하는 것이
어른이 되어 무엇보다 먼저 해야 할 일이다.
인문학은 우리를 그런 길로 안내하는 길잡이가 된다.

1장

하늘과 땅, 그리고 인간

하늘은 검고 땅은 누르며
우주는 광대하고도 거칠다

天地玄黃 宇宙洪荒

하늘 천　**땅** 지　**검을** 현　**누를** 황　　**집** 우　**집** 주　**넓을** 홍　**거칠** 황

하늘은 검고 땅은 누르며
우주는 광대하고도 거칠다.

日月盈昃 辰宿列張

날 일　**달** 월　**찰** 영　**기울** 측　　**별** 진　**별자리** 수　**벌릴** 렬　**베풀** 장

해와 달은 찼다가 또 기울며
뭇별들이 줄지어 펼쳐져 있다.

天地　하늘 천 ∣ 땅 지

하늘과 땅. 하늘[天]은 포괄적으로 자연 운행의 법칙을 의미하며, 땅[地]은 우리가 거주하는 환경을 의미한다. 이는 중국에서 중요시하는 음양의 학설로도 설명할 수 있는데, 하늘은 양陽, 땅은 음陰으로 나뉘어 천지는 곧 만물을 잉태하고 양육하는 주체가 된다.

玄黃　검을 현 ∣ 누를 황

현玄은 적흑색赤黑色을 뜻하는데, 후에 검은색의 의미로 많이 사용되어 '검다'는 뜻이 되었다. 우주에서 본 하늘은 검은색이고, 땅은 진흙이 있

어 누런색이라고 말한 것이다. 이 말은《주역周易》〈곤괘坤卦〉의 "무릇 검고 누렇다는 것은 하늘과 땅이 섞인 것이니 하늘은 검고 땅은 누렇다[夫玄黃者, 天地之雜也, 天玄而地黃]"는 말에서 나온 것이다.

宇宙 집 우 · 집 주

우리가 인식할 수 있는 일체의 공간과 시간을 아울러 의미한다. 한나라 초에 편찬된 백과사전《회남자淮南子》에서 우宇는 공간적 개념을 나타내는 말로 '위아래와 동서남북의 상하사방上下四方'을 뜻하고, 주宙는 시간적 개념을 나타내는 말로 '옛부터 지금까지, 그리고 앞으로의 모든 시간을 말하는 왕고내금往古來今'을 의미한다.

洪荒 넓을 홍 · 거칠 황

우주 공간이 형성되기 전의 혼돈 상태를 형용하는 말이다. 홍洪은 홍수洪水라는 단어에서 보듯이 크고 넓다는 뜻이다. 황荒은 황무지荒蕪地라는 의미로 인적이 드물어 아직 사람의 손길로 다듬어지지 않은 거친 논밭, 즉 아득한 태고 시대를 비유한 말이다.

日月盈昃 날 일 · 달 월 · 찰 영 · 기울 측

해와 달은 천상계의 가장 큰 천체로, 이 두 천체의 운행 규율에 대해 말하는 것이다. 해는 매일 새벽에 떠서 저녁 때 지는 반복적 운행을 하며, 달은 초승달에서 점점 커져 보름달로 꽉 찼다가 다시 줄어드는 일정한 법칙이 있다.

辰宿列張 별 진 · 별자리 수 · 벌릴 렬 · 베풀 장

진辰과 수宿는 별과 별자리를 가리킨다. 여기서는 온갖 별과 별자리를 모두 아울러 '뭇별'이라고 풀이했다. 수宿자는 발음에 유의해야 하는데 별자리의 의미로 쓰일 때는 '수'로 읽어야 하고, '잠을 자다'라는 의미로 쓰일 때는 '숙'으로 발음한다. 열列은 사물이 나란히 줄지어 있는 모습을 말하고, 장張은 주욱 늘어서 있는 모습을 말한다. 즉 하늘에 뭇별과 별자리들이 열을 이루어 가득 펼쳐져 있는 광경을 묘사하는 말이다.

음과 양이 조화를 이루어야 만물이 생성되니
자연의 섭리에 따르는 것이 지혜로운 삶이다.

천자문은 인류가 태어나 살아가고 있는 자연과 우주의 원리와 법칙, 그리고 만물의 현상 변화와 흐름에 대한 이야기로 시작합니다. 동양 사상에서 만물의 생성 원리를 한 마디로 정의하면 '음양陰陽의 조화'라고 할 수 있습니다.

음과 양이 조화를 이루어야 만물이 생성되고 변화한다는 원리 속에서, 음양으로 구분되는 가장 대표적인 기본 개념이 바로 하늘과 땅이 될 것입니다. 이에 천자문의 시작은 음양의 기본 개념인 하늘과 땅, 즉 천지天地라는 두 글자부터 언급하고 있습니다.

음양을 혼합하여 괘를 만들어 길흉을 점쳐보는 책인 《주역》의 첫 번째와 두 번째 괘卦가 하늘의 건乾괘와 땅의 곤坤괘인 것을 봐도, 하늘과 땅은 만물의 생성 원리를 논함에 있어 가장 먼저 고

찰해봐야 할 개념임이 틀림없습니다.

첫 문장인 '천지현황天地玄黃, 우주홍황宇宙洪荒'은 하늘과 땅, 그리고 우주 공간의 성질에 대해 말하고 있습니다. 천지창조와 관련하여 중국에서는 반고盤古라는 인물이 커다란 달걀에서 나와 혼돈한 세계에 도끼질을 하여 하늘과 땅으로 구분되었다는 '천지개벽설天地開闢說'이 신화처럼 내려오고 있습니다.

하늘은 검고 땅이 누렇다는 것은 천지의 성질을 표면적으로 표현한 것이라고 할 수 있습니다. 하늘은 우리 눈에서는 푸른 듯이 보이지만, 우주에서 보는 지구는 산란하는 빛이 적기 때문에 암흑처럼 보입니다. 그렇기 때문에 하늘이 검다고 표현한 것입니다.

하늘과 땅은 여러 측면에서 그 성향이 대비되는데, 이는《주역》의 건괘와 곤괘에서도 확인할 수 있습니다.

하늘의 운행은 굳건하니, 군자는 이로써 스스로 힘쓰고 쉬지 않는다.
땅의 형세는 유순하니, 군자는 이로써 두터운 덕으로 만물을 받든다.
天行健, 君子以自彊不息, 地勢坤, 君子以厚德載物

《주역》의 문장에서도 알 수 있듯이, 예로부터 하늘은 강하고 굳건한 이미지이고, 땅은 유순하여 만물을 포용하는 부드러운 이미지입니다. 이를 성별로 구분하자면 남성과 여성으로 대비될 수 있기에 하늘은 곧 남성[아버지], 땅은 여성[어머니]으로 자주 비유되곤

했습니다. 《사자소학四字小學》에 이런 말이 나옵니다.

은혜는 높기가 하늘과 같고, 덕은 두텁기가 땅과 같다.
恩高如天, 德厚似地

하늘과 땅으로 각기 부모님의 은혜를 비유했던 것처럼, 천天과 지地는 만물을 잉태하고 양육하는 근본이 되는 것입니다. 물론, 지금의 부모나 성 역할 관념으로 이 부분을 보아서는 안 됩니다. 우주 만물의 생성 원리를 은유적으로 표현한 것입니다.

다음 구에 나오는 우주宇宙는 우리가 인식할 수 있는 일체의 공간을 통틀어 말하는 것입니다. 여기서의 '우주'는 오늘날 우리가 흔히 천상계, 은하계 등의 단어와 함께 연상하는 추상적 의미의 천문학 개념과는 큰 차이가 있습니다.

고대 중국에서 쓰였던 우주라는 단어는 시간과 공간적 개념을 모두 아우르는데, 특히 시간적인 개념을 포함한다는 사실이 눈여겨볼 만합니다. 이러한 용례를 보여주는 시가 있는데, 바로 중국의 유명한 시인 두보杜甫가 지은 작품인 〈영회고적詠懷古跡〉입니다.

제갈공명의 큰 명성이 우주에 드리웠으니
훌륭한 신하의 남은 그림자 청고하고도 엄숙하네.
諸葛大名垂宇宙, 宗臣遺像肅淸高

삼국시대 촉한蜀漢의 장수인 제갈량을 추모하는 이 시에서, 두보는 제갈량의 큰 명성이 우주에 드리웠다고 말하고 있습니다. 제갈량의 명성이 예로부터 지금에 이르기까지 온 사방에 드날린다는 의미로 쓴 것입니다.

천지와 우주를 거쳐 그 다음은 하늘에 떠 있는 해와 달, 그리고 별의 성질에 대해 순차적으로 설명하고 있습니다. 1년은 24절기로 구분되는데, 이는 태양의 위치에 따라 달라집니다.

이를 통해 하루 중에 해가 가장 길게 떠 있는 날은 하지夏至가 되고, 그 반대로 밤이 가장 긴 날은 동지冬至가 되는 것입니다. 해가 새벽에 떠서 낮 동안 환히 비추고, 저녁이 되면 해가 지면서 밤이 되니 이는 매일 반복적으로 일어나는 일입니다.

달은 약 27.3일을 주기로 지구를 한 번 도는데, 이때 달의 모양이 초승달-상현달-보름달-하현달-그믐달의 순서로 변하게 됩니다. 즉, 해와 달이 찼다가 또 기운다는 것은 우리가 흔히 볼 수 있는 해와 달의 모습과 일정한 법칙을 설명한 문장입니다.

진辰은 별의 이름으로 '진성辰星'을 가리키는데, 이것은 별 가운데 가장 작은 별인 수성水星의 또 다른 이름입니다. 그러나 여기서는 수성만을 가리킨다기보다는 모든 별을 대표해서 쓴 것입니다.

고대 중국의 천문학에서는 별들의 위치와 모양, 의미 등으로 구분하여 28개의 별자리를 만들었습니다. 이를 '이십팔수二十八宿'라고 부르는데 진수辰宿의 '수宿'는 이 28수를 대표하여 쓴 것입니다.

하늘을 동서남북 네 구역으로 나누고, 각각의 방향 당 7개의 별자리가 해당되어 총 28개가 됩니다.

동방의 별자리는 각角, 항亢, 저氐, 방房, 심心, 미尾, 기箕, 서방은 규奎, 누累, 위胃, 묘昴, 필畢, 자觜, 삼參, 남방은 정井, 귀鬼, 유柳, 성星, 장張, 익翼, 진軫, 북방은 두斗, 우牛, 여女, 허虛, 위危, 실室, 벽璧이 있습니다. 이 별들은 밤하늘에 줄지어 있으면서 반짝반짝 빛나며 어두운 하늘을 채워주고 있습니다.

만물이 탄생하고 자라나 살아가는 온 지구의 형상과 천체의 일정한 법칙 등을 16글자에 함축하여 담아낸 이 부분은 천자문 가운데 가장 심오하면서도 난해하다고 할 수 있습니다.

하지만, 이 섭리는 거창한 이야기만은 아닙니다. 우리 삶에 곧바로 이어지는 것이기도 합니다. 우주와 자연 안에는 사람도 물론 포함되기 때문입니다. 지금, 천자문을 다시 읽으며 내 삶이 조화로운지 살펴볼 수 있습니다.

寒來暑往 秋收冬藏

찰 한　올 래　더위 서　갈 왕　　가을 추　거둘 수　겨울 동　감출 장

추위가 오면 더위가 가고
가을에는 거두고 겨울에는 보관한다.

閏餘成歲 律呂調陽

윤달 윤　남을 여　이룰 성　해 세　　법칙 율　법칙 려　고를 조　볕 양

윤달이 남아 한 해를 이루고,
율과 려로 음양의 조화를 다스린다.

雲騰致雨 露結爲霜

구름 운　오를 등　이를 치　비 우　　이슬 로　맺을 결　할 위　서리 상

구름이 빠르게 올라가 비가 내리고,
이슬이 맺혀 서리가 된다.

寒來暑往 　찰 한 ㅣ 올 래 ㅣ 더위 서 ㅣ 갈 왕

겨울이 지나가고 봄이 오면 곧 여름이 되어 덥게 되고, 가을이 지나 겨울
이 오면 추워지는 1년의 반복되는 날씨 변화를 설명한 말이다.

秋收冬藏 가을 추 | 거둘 수 | 겨울 동 | 감출 장

가을에는 잘 자란 곡식을 거두고, 겨울에는 거둔 곡식을 보관한다는 의미로 만물의 성장 흐름을 계절별로 나타낸 말이다.

閏餘成歲 윤달 윤 | 남을 여 | 이룰 성 | 해 세

태양력과 태음력의 차이를 없애기 위해 음력에 한 달을 끼워 넣어 양력인 약 365일을 맞춘 것을 뜻한다. 《서경書經》〈요전堯典〉의 "1년은 366일이니, 여기에 윤달로써 사시四時를 정하고 해를 이룬다[朞三百有六旬有六日, 以閏月定四時成歲]"에서 유래된 말이다.

律呂 법칙 율 | 법칙 려

12율을 의미한다. 12율이란 성음聲音의 청탁淸濁과 고하高下를 바르게 정할 목적으로, 죽통의 길이를 각각 길고 짧게 해서 만든 12개의 음을 말한다. 이 중에서 6률은 양陽에 속하고, 6려는 음陰에 속한다. 곧 한 옥타브 안에 배열된 12개 율律의 양률陽律과 음려陰呂를 합하여 부르는 명칭이다.

調陽 고를 조 | 볕 양

음과 양을 잘 조화시켜 다스린다는 뜻이다. 네 글자를 맞추기 위해 '조음양調陰陽'이라 쓰지 않고 '조양調陽'이라고 쓴 것이다.

雲騰致雨 구름 운 · 오를 등 · 이를 치 · 비 우

구름이 올라 비가 된다는 것은 구름과 비가 서로 작용함을 의미한다.《주역》〈건단전乾象傳〉의 "구름이 움직여 비가 내리면 만물이 그 형체를 이룬다[雲行雨施, 品物流形]"는 문장에서 나온 말이다.

여기서 등騰은 '오르다', '도약하다'는 뜻으로, 수증기가 빠르게 대기 중으로 올라가 구름을 형성함을 의미한다. 이 글자는 '오를 등登'과 비슷한 의미를 가지고 있지만, 등登은 발로 어딘가를 직접 올라가는 행위를 가리켜 등산登山 등의 단어로 쓰인다. 반면에 등騰은 말[馬]의 몸이 공중으로 뛰어오른다는 의미가 더해져 허공으로 빨리 뛰어오르는 형상을 가리켜 폭등暴騰, 급등急騰 등의 단어로 주로 쓰인다.

露結爲霜 이슬 로 · 맺을 결 · 할 위 · 서리 상

이슬이 밤의 차가운 공기에 살짝 얼게 되어 굳어지면, 그것이 바로 서리가 된다. 앞 문장인 운등치우雲騰致雨와 마찬가지로 물의 순환에 대해 묘사하는 말이다.

사계절의 흐름에 따라 사람 또한
함께 순응하는 것이 기강이 바로 선 삶이다.

우리나라는 전 세계에서 사계절이 뚜렷한 몇 안 되는 나라에 속합니다. 우리는 대략적으로 3~5월은 봄, 6~8월은 여름, 9~11월은 가을, 12~2월은 겨울로 구분하고 이를 더 세분화하여 24개의 절기로 나눕니다.

첫 문장인 '한래서왕寒來暑往, 추수동장秋收冬藏'은 사계절의 반복적인 흐름과 각 계절마다의 만물의 변화를 설명하고 있습니다. 겨울이 되면 추위가 왔다가도 곧 봄이 되어 따뜻하게 됩니다. 또 여름이 와서 무더위가 계속되다가 날씨가 서늘해지며 가을이 되고, 다시 또 겨울이 옵니다.

이렇게 봄-여름-가을-겨울 사계절이 해마다 반복되고 있습니다. 이러한 각 계절은 만물의 탄생과도 짝지어 생각해볼 수 있습니다. 사마천이 지은 《사기史記》〈태사공자서太史公自敍〉에는 이런 문장이 나옵니다.

무릇 봄에는 태어나고 여름에는 자라며,
가을에는 거둬들이고 겨울에는 보관한다.
이것이 천도天道의 큰 줄거리이니
이를 잘 따르지 않으면 천하의 기강이 될 수 없다.
夫春生, 夏長, 秋收, 冬藏, 此天道之大經也, 弗順則無以爲天下紀綱

마지막에 등장하는 '기강紀綱'은 법도와 질서를 뜻하는 말로, 세상이 기준으로 삼는 규율을 나타냅니다.

추수동장秋收冬藏은 만물이 봄에 태어나 각 계절의 흐름에 따라 함께 변화하는 과정을 나타내는 말입니다. 이러한 이치가 곧 천도의 큰 줄거리이며, 이를 따르지 않게 되면 곧 그 기강이 세워지지 않게 된다는 뜻입니다.

　기후와 계절에 이어 그 다음은 역법曆法에 관한 내용입니다. 윤달은 음력과 양력의 일수 차이에서 생겨난 것으로, 윤달을 이해하기 위해서는 기본적으로 음력과 양력에 대해 알아야 합니다.

　쉽게 말해서 양력은 지구가 태양의 주위를 한 번 도는 것을 기준으로 하여 만든 역법이고, 음력은 달이 지구를 일주하는 시간을 기준으로 하여 만든 것입니다. 달력을 보면 날짜 옆에 조그마한 글씨로 쓰여 있는 숫자가 음력 날짜인데, 대체로 양력보다 한 달에서 45일 정도 차이가 나는 것을 알 수 있습니다.

　한 마디로 같은 날에 두 가지 날짜가 존재하는 것으로, 양력은 1년에 약 365일로 한 달에 30일 혹은 31일인데 반해서 음력은 한 달을 약 29.530일로 계산하므로, 한 달 한 달이 지날수록 조금씩 차이가 생기게 됩니다.

　이를 계산해보면 약 3년에 1달, 8년에 3달, 19년에 7달 정도의 윤달이 생기는 것입니다. 즉 윤달은 음력의 개념에서 생긴 것으로, 해당 년도에 한 달이 모자라게 되면 윤달을 넣어 한 달을 채워서 양력과의 균형을 맞춥니다. 이 의미를 담은 문장이 바로 '윤여성세閏餘成歲'입니다.

　다음은 음률의 제정에 관해 말하고 있습니다. 여기서 말하는 율과 려는 곧 12율을 의미하는 것입니다. 옛날에 황제가 악관 영륜伶倫에게 명하여 음률을 만들라고 했습니다. 그러자 영륜이 곤륜산에 올라가 북쪽의 골짜기에서 대나무를 베어 피리를 만들었다고 합니다.

이렇게 만들어진 12개의 성률은 곧 6개의 양률과 6개의 음률로 구분되는데, 양률은 황종黃鍾, 태주太簇, 고선姑洗, 유빈蕤賓, 이칙夷則, 무역無射이고, 음률은 대려大呂, 협종夾鍾, 중려仲呂, 임종林鍾, 남려南呂, 응종應鍾입니다. 이는 자연스럽게 음양의 조화와 연결되니, 이로써 음과 양의 기운을 고르게 하여 잘 조화시켜 다스려야 함을 말하고 있습니다.

그 다음으로, 물의 순환에 대한 설명입니다. 우리가 살아가는 데에는 여러 가지가 필요하지만 그중에서도 꼭 필요한 것이 바로 물입니다. 물은 액체의 상태로 주로 접하지만, 가습기에 물을 넣으면 수증기가 되어 나옵니다. 그러다 기온이 낮아지면 얼어서 얼음이 되기도 합니다.

이렇듯이 물은 기온에 따라 그 형체를 달리 하는데, 구름과 비, 이슬과 서리는 모두 물을 기본 입자로 하는 자연 현상입니다. 구름은 공기 중의 미세한 물방울들이 대기에 뭉쳐서 커다란 솜사탕처럼 보이는 것인데, 그 가운데에서도 물방울은 끊임없이 증발하기도 하고 응결되기도 합니다.

그 속의 수분 입자가 증발과 응결을 반복하는 과정에서 밑으로 떨어져 내리는 현상이 바로 '비'가 오는 것입니다. 이 때문에 비는 항상 구름을 동반하게 되고, 구름이 잔뜩 긴 흐린 날씨를 보면 곧 비가 오겠다고 예상할 수 있는 것입니다.

공기 중에 있는 수증기가 풀잎 등에 닿으면 액체로 변하여 마치 물방울이 맺혀 있는 것처럼 보이게 되는데, 이것이 바로 이슬입니다. 이슬은 기온이 내려가면 고체가 되는데, 이슬이 살짝 얼어 고체가 된 형태가 바로 서리입니다. 이렇듯 물이 기체-액체-고체의 형태를 순환하면서 여러 가지 자연 현상으로 나타나게 됩니다.

빗물이 수증기가 되고, 이슬이 되고, 서리가 되었다가 다시 빗물이 되듯, 자연은 순리대로 흘러갑니다. 기강이 바로 서 있습니다. 우리는 어쩌면 너무 많은 것을 보고, 원하고, 하려고 하는지도 모릅니다. 그래서는 끝이 없습니다. 거기서 불안이 생기고, 조화와 균형이 깨집니다. 자연처럼 순리대로 흘러가는 삶은 균형이 잡혀 있고, 조화롭습니다.

金生麗水　玉出崑岡

쇠금　날생　고울려　물수　　구슬옥　날출　뫼곤　뫼강

좋은 금은 여수에서 나오고
좋은 옥은 곤강에서 나온다.

劍號巨闕　珠稱夜光

칼검　부를호　클거　대궐궐　　구슬주　일컬을칭　밤야　빛광

검은 거궐이 가장 유명하고,
구슬은 야광을 최고로 일컫는다.

果珍李奈　菜重芥薑

과실과　보배진　오얏리　능금내　　나물채　무거울중　겨자개　생강강

과일은 오얏과 능금을 귀하게 여기고
채소는 겨자와 생강을 소중히 여긴다.

海鹹河淡　鱗潛羽翔

바다해　짤함　물하　맑을담　　비늘린　잠길잠　깃우　날상

바닷물은 짜고 강물은 심심하며
비늘 있는 물고기는 물 속에 잠겨 있고 날개 달린 새는 하늘을 난다.

麗水 고울 려 | 물 수

오늘날 윈난성[雲南省] 여수현[麗水縣] 부근으로 여강[麗江]이라고도 한다. 윈난은 중국 서남부에 있는 성으로 서북쪽으로는 티베트, 동북에는 사천, 동부에는 귀주, 광시, 남쪽으로는 미얀마, 라오스, 베트남과 접경을 이루고 있다. 예로부터 양질의 금金이 생산되는 곳이다.

崑岡 뫼 곤 | 뫼 강

오늘날 장쑤성[江蘇省] 강도현[江都縣] 서북쪽에 있는 곤륜산[崑崙山]을 말한다. 품질이 뛰어난 옥玉이 나는 곳으로 유명하다.

巨闕 클 거 | 대궐 궐

상고시대 오嗚나라 구야자[歐冶子]가 만든 유명한 보검寶劍을 말한다. 구야자가 월왕越王을 위해 만들었다는 5개의 보검 중 하나로, 단단함과 예리함이 상당했다고 전해진다.

夜光 밤 야 | 빛 광

어둠 속에서 밝게 빛나는 명주明珠를 말한다. 명주는 귀한 보석 구슬을 의미한다.

李柰 오얏 리 | 능금 내

오얏과 능금을 뜻한다. 오얏은 자두의 옛말이며, 능금은 사과와 비슷하지만 맛이 약간 시고 크기는 사과보다 작다.

芥薑 겨자 개 · 생강 강

겨자와 생강은 예로부터 양념 맛을 내는 중요한 재료였다. 그리고 몸을 따뜻하게 하는 차와 약재로도 쓰였기 때문에 아주 중요하게 여겼다.

鱗 비늘 린

비늘. 비늘이 있는 어류魚類를 총칭하여 쓰였다.

羽 깃 우

깃. 날개. 날개 달린 조류鳥類를 총칭하여 쓰였다.

만물이 각기 자기의 자리를 얻어 살아가듯이
인간도 자연의 천성에 맞게 살아가야 한다.

앞 문장까지는 위[하늘]와 관련된 여러 현상을 얘기했다면, 여기서부터는 아래[땅]에서 나는 여러 물산들에 관해 말하고 있습니다. 여수麗水는 오늘날 윈난성 여수현 부근의 여강을 말하고, 곤강崑岡은 곤륜산을 의미합니다.

여수에서 금이 나오고 곤륜산에서 옥이 나왔다는 것은 그 두 곳에서 품질이 좋은 금과 옥이 출토되었다는 것을 말합니다.《한비자韓非子》에는 이런 문장이 보입니다.

형남荊南의 땅 여수에서 좋은 금이 나오니,

많은 사람이 몰래 금을 캐어간다.

荊南之地, 麗水之中生金, 人多竊采金

중국 전한시대 선제宣帝 때 환관桓寬이 편찬한 《염철론鹽鐵論》
이라는 책이 있습니다. 한나라 때의 정치와 경제 논쟁을 재현한
기록 문학으로, 논쟁의 초점이 '소금과 철의 전매제도'였다는 데
서 이런 이름이 붙었으나 내용은 그 시대의 정치, 경제, 방위, 도
덕에 이르기까지 광범위하게 수록되어 있습니다. 이 책 중 〈역경
力耕〉에 이런 문장이 나옵니다.

아름다운 옥과 산호가 곤륜산에서 나온다.

美玉珊瑚, 出于昆山

예로부터 금과 옥은 귀중한 광물이었는데, 굳고 단단한 성질
때문에 사람들의 고귀한 인품과 절개를 형용하기도 했습니다. 예
를 들어 '금옥군자金玉君子'라는 말이 있는데, 몸가짐이 아주 정갈
하고 점잖은 사람을 일컫습니다.

다음은 칼과 구슬에 관한 내용입니다. 고대로부터 저명한 검과
구슬의 대표적인 예로 거궐巨闕과 야광夜光을 꼽았습니다. 한나
라 때 원강袁康이 지은 《월절서越絶書》에 따르면, "거궐로 청동 가
마와 쇠솥을 자르면 그 가운데 커다란 구멍이 났으니, 그러므로

큰 구명[巨闕]이라고 부르는 것이다[穿銅釜, 絶鐵, 胥中決如粟米, 故曰巨闕]."라고 했습니다.

거궐의 칼날이 대단히 예리하여 쇠붙이 속 사이의 공기까지 그대로 잘려나가 그 부분에 커다랗게 구멍이 났다는 이야기입니다. 이러한 예리함으로 그 칼의 이름까지 거궐이라 정해지게 된 것입니다.

야광夜光은 밤에도 빛을 발하는 구슬, 즉 야명주夜明珠를 이르는 말입니다. 전한시대 유안劉安이 지은 《회남자》〈남명훈覽冥訓〉을 보면 수나라 제후가 내장이 끊어진 큰 뱀을 보고 약을 붙여 치료해주자, 그 후에 뱀이 강 속에서 큰 구슬을 물고 나와 은혜를 갚았다는 전설을 이야기하고 있습니다.

훗날 이 전설을 수나라 제후의 구슬이라 하여 '수후지주隋侯之珠'라고 부르고 있습니다. 검과 구슬 또한 예로부터 사람들이 신성시하며 중요하게 여겼던 물품으로, 이처럼 여러 가지 전설까지 함께 전해져 내려오고 있습니다.

다음은 조금 더 실생활과 관련된 물품에 대해 말하고 있습니다. 여기서는 과실과 양념의 대표적인 물품으로 오얏과 능금, 겨자와 생강을 들었습니다. 오얏과 능금은 예로부터 군주에게 바치는 물품으로, 제사상에도 올랐기에 매우 귀하게 여기는 과실입니다. 겨자와 생강은 여러 양념에 들어가는 주재료이기도 하면서 약재로 실생활에서 유용하게 쓰이는 식물입니다.

특히 생강은 입맛이 까다롭기로 유명했던 공자도 항상 즐겨 먹었던 것으로 유명합니다. 《논어論語》〈향당鄕黨〉을 보면 "생강 먹는 것을 그만두지 않았다[不撤薑食]"는 문장이 나올 정도입니다. 생강은 더럽고 악한 냄새를 제거하기 때문에 중요한 양념으로 쓰였던 것입니다.

마지막으로, 바닷물과 강물의 성질이 다름을 말하면서 비늘이 있는 물고기와 날아다니는 새가 각기 처한 곳에서 평온하게 살아가고 있음을 설명하고 있습니다.

이는 《시경詩經》〈한록旱麓〉에 나오는 "솔개는 하늘을 날고, 물고기는 연못에서 뛰논다[鳶飛戾天, 魚躍于淵]"는 문장을 연상케 합니다. 만물이 각기 자신이 있을 장소를 얻어서 태평스럽게 살아가고 있는 세상을 비유한 말입니다.

이와 같이 이 단락은 여러 물품들을 예로 들면서 각각의 천성天性과 기후가 맞는 곳에서 최상의 물품이 나오고 있는 자연 현상을 말하고 있습니다. 만물이 각자 자리에서 순조롭게 살아가듯이, 사람도 자연 속에서 저마다 자리가 있습니다. 모험하거나 도전하지 말라는 말이 아니라 남의 것을 빼앗거나 파괴하지 않는, 자연의 천성에 맞게 살아가라는 말입니다.

龍師火帝　鳥官人皇

龍	師	火	帝		鳥	官	人	皇
용용	스승사	불화	임금제		새조	벼슬관	사람인	임금황

용으로 관직을 표기한 복희씨와 불을 숭상한 수인씨가 있고,
새로 관직을 표기한 소호씨와 인문으로 다스린 헌원씨가 있다.

始制文字　乃服衣裳

始	制	文	字		乃	服	衣	裳
비로소시	지을제	글월문	글자자		이에내	입을복	옷의	치마상

처음으로 문자를 만들고
마침내 옷을 지어 입게 했다.

龍師　용 용 ㅣ 스승 사

고대 중국의 제왕인 복희씨伏羲氏를 가리킨다. 용龍을 가지고 벼슬 이름
으로 삼았기 때문에 용사龍師라고 부른다. 여기에서 사師는 관직을 의
미한다.

火帝　불 화 ㅣ 임금 제

고대 중국의 제왕인 신농씨神農氏라는 설과 수인씨燧人氏라는 설이 있다.
신농씨는 삼황三皇의 한 사람으로 염제炎帝라고도 부르며, 불을 다스렸던
전설상의 신이다. 수인씨는 나무를 이용해 불을 얻는 방법을 발명했다고

전한다.

鳥官 새 조 | 벼슬 관

고대 중국의 제왕인 소호씨少昊氏를 가리킨다. 소호씨가 즉위할 때 봉황
이 날아와서 축하를 해주었다 하여 새의 이름으로 관직명을 지었기 때문
에 조관鳥官이라고 부른다.

人皇 사람 인 | 임금 황

고대 중국의 제왕 중 한 사람으로 헌원씨軒轅氏를 가리킨다. 복희씨, 신농
씨와 더불어 삼황三皇으로 꼽힌다.

制 지을 제

옷 의衣가 들어간 '제製'의 의미로 쓰였으며, 곧 제조製造를 뜻한다. 제制
는 본래 나무의 가지를 쳐서 다듬는다는 의미를 가지고 있다가 물건을
다듬는다는 뜻으로 확대되었다. 그런데 여기에 '의衣'가 더해진 '제製'가
만들어지면서 '옷을 만든다'는 의미로 분리하여 사용하게 되었다.

衣裳 옷 의 | 치마 상

의衣는 저고리[윗옷]를 가리키고, 상裳은 치마[아래옷]를 가리키는 한자로
구분되나 현재는 묶어서 크게 '옷'을 두루 지칭하는 단어로 쓰인다.

문명의 발달과 제도의 창조, 그리고
뛰어난 제왕들의 정치와 공적을 서술하다.

천지와 우주 자연에서 만물이 태어났고, 각 물품이 그 천성에 따
라 적재적소에서 나왔다는 내용을 배웠습니다. 이제 여기서부터
는 우주에서 사람으로 그 초점을 바꾸어 중국 문명의 발달과 제도
의 창조, 역사상 저명한 제왕의 공적과 정치에 관해 서술합니다.

　중국 역사의 시작점으로 보는 전설적 제왕들을 '삼황오제三皇
五帝'라고 부르는데, 삼황은 일반적으로 복희씨, 신농씨, 여와씨女
媧氏를 들며 여와씨 대신 수인씨를 들기도 합니다. 먼저 삼황이라
불리던 제왕들과 문자의 발생에 대해 알아보도록 하겠습니다.

　가장 먼저 소개되는 제왕은 복희씨입니다. 복희씨는 맨 처음
팔괘八卦를 긋고, 거듭해서 육십사괘六十四卦를 만들었습니다. 이
후에 주周나라 문왕文王이 유리羑里 지역에 갇혀 있으면서 복희씨
의《주역》에 괘마다 쉽게 알 수 있도록 풀어 놓은 괘사卦辭인 단
사彖辭를 붙였다고 전해집니다.

　이 시대에 용이 나타나 좋은 징조가 보였으므로 복희씨는 용을
벼슬 이름으로 삼았고, 그래서 용사龍師라고 부르게 된 것입니다.
용龍자를 붙인 벼슬 이름에는 창룡씨蒼龍氏, 백룡씨白龍氏 등이 있
었는데, 창룡씨는 만물을 자라게 하는 일을 맡았고, 백룡씨는 만
물을 죽이는 일을 맡았다고 합니다.

그 다음은 바로 수인씨입니다. 화제火帝는 위에서도 말했듯이 신농씨라는 설도 있습니다. 신농씨는 대정大庭이라는 나라를 다스리면서 처음으로 백성에게 농사를 가르쳤다고 합니다. 그는 풀·나무 등 식물과 기타 약재에 필요한 것을 적어 《본초本草》라는 책을 짓기도 했습니다. 수인씨는 신농씨, 복희씨와 함께 삼황으로 불리는 전설상의 황제로, 불로 음식을 익혀 먹는 화식火食을 발명했다고 전해집니다.

소호씨는 탄생 설화로 유명합니다.《제왕세기帝王世紀》를 보면 황제의 비妃인 여절女節이 일찍이 무지개처럼 큰 별이 내려와서 화저華渚로 흐르는 것을 보았는데, 이윽고 그 무지개와 교감하는 꿈을 꾸고 임신하여 아들 소호씨를 낳았다고 합니다. 화저는 물가의 이름으로, 이 고사가 전해진 이후 화저의 무지개는 여러 문장에서 제왕의 탄생이나 탄신을 축하하는 뜻으로 쓰이게 되었습니다.

인황씨는 천황天皇 복희씨, 지황地皇 신농씨와 더불어 삼황 중 한 사람으로 황제 헌원씨를 가리킵니다. 그는 소전씨少典氏의 아들로 성은 공손公孫이지만, 헌원의 언덕에서 낳았기 때문에 헌원씨라고 부르게 되었습니다.

《사기》〈오제본기五帝本紀〉등에 따르면 헌원軒轅이라는 이름에 대해, 그가 수레를 발명했다는 신화와 관련이 있다고 설명하고 있습니다. 이 외에도 그의 여러 정치 활동과 행적 등에 대해 기술하고 있습니다. 헌원씨의 신화를 다룬 여러 문헌들은 각기 그 내용이 조금씩 다르지만, 그를 고대 중국의 중앙을 다스리며 백성들에게 문명을 가르친 위대한 성인으로 추앙하고 있음은 동일합니다.

상고시대에는 문자가 없었기 때문에 노끈으로 매듭을 지어 여러 가지 신호를 주고받았습니다. 이를 '노끈을 묶었다'는 의미의 결승結繩이라고 하는데,《주역》〈계사전 하〉를 보면, "상고시대에는 노끈을 엮어 다스렸는데, 후세에 성인이 이를 서계로 바꾸었다[上古結繩而治, 後世聖人易之以書契]"고 하여, 문자의 시초에 대해 말하고 있습니다.

서계書契는 사물을 부호로써 의미한 글자를 말합니다. 당시 황제의 사관史官이었던 창힐倉頡이 모래에 찍힌 새의 발자국을 보고 한자를 만들었다고 전해지는데, 이러한 문자의 창조는 본격적으로 문명이 시작되었음을 알리는 것이라고 할 수 있습니다.

문자와 더불어 복식服飾의 발명에 대해서도 말하였습니다. 황제의 왕비인 누조嫘祖는 누에치기의 창시자로 알려져 있습니다. 그녀는 어느 날 뽕나무의 벌레들이 입에서 실을 뽑아 고치를 만드는 것을 보았습니다. 그래서 그 고치의 실로 비단을 만들었는데, 그녀가 양잠을 발명했다고 하여 '누조시잠嫘祖始蠶'이라고 합니다.

그리고 당시의 신하인 호조胡曹가 윗옷[衣]과 아래옷[裳]을 각기 지어 사람들에게 입게 했습니다. 곧 문자와 복식을 발명하고, 이를 제도적으로 명하여 백성의 문명 생활이 비로소 시작된 것입니다.

推位讓國 有虞陶唐

밀 추 　 자리 위 　 사양할 양 　 나라 국 　 　 있을 유 　 나라 이름 우 　 질그릇 도 　 당나라 당

제위를 물려주고 나라를 넘겨준 이는
유우[순임금]와 도당[요임금]이다.

弔民伐罪 周發殷湯

조문할 조 　 백성 민 　 칠 벌 　 허물 죄 　 　 두루 주 　 필 발 　 나라 은 　 끓을 탕

백성을 위로하고 죄인을 토벌한 이는
주나라 발과 은나라 탕왕이다.

推 밀 추

다른 사람에게 제위를 추천한다는 의미. '퇴'라는 음도 가지고 있는데,
'퇴'로 읽는 대표적인 경우는 시문을 지을 때 고심하며 여러 번 자구字句
를 고친다는 의미의 '퇴고推敲'가 있다.

有虞, 陶唐 　 있을 유 ㅣ 나라 이름 우 ㅣ 질그릇 도 ㅣ 당나라 당

유우는 순舜임금을 가리키고, 도당은 요堯임금을 가리킨다. 유有는 어조
사로 큰 의미 없이 쓰인 글자이다.

周發 두루 주 | 필 발

주나라 무왕武王을 가리키며, 발發은 그의 이름이다.

湯王 끓을 탕 | 임금 왕

고대 중국의 은나라를 창건한 왕으로, 하夏나라의 폭군인 걸왕桀王을 정
벌하고 천자天子가 되었다고 한다.

임금이 하는 일 없는 것처럼 보이면서도
나라가 태평하게 다스려지던 시대에서 배운다.

앞 단락에서 삼황의 공적과 문자의 기원을 살펴보았습니다. 여기
서는 오제五帝에 속한 두 임금인 요堯임금과 순舜임금에 대해 얘
기해보겠습니다.

　오제는 일반적으로 헌원씨軒轅氏, 고양씨高陽氏, 고신씨高辛氏,
도당씨陶唐氏, 유우씨有虞氏를 드는데, 별도로 소호씨少昊氏를 포
함시키는 경우도 있습니다.

　이때 도당씨가 바로 요임금이고, 유우씨가 순임금입니다. 시대
순으로 보았을 때 원문은 '도당유우陶唐有虞'가 되어야 하지만 운
율을 맞추기 위해 '유우도당有虞陶唐'이라고 적은 것입니다.

　요임금은 오제 중 한 사람으로 꼽히는 고신씨의 아들입니다. 그
는 죽으면서 자신의 아들에게 임금의 자리를 물려주지 않고 신하들

중에서 가장 현명한 사람에게 물려주었으니, 그가 바로 순임금입니다. 이처럼 자신의 후손에게 임금의 자리를 물려주지 않고 능력과 덕망이 있는 자에게 넘겨주는 것을 '선양禪讓'이라고 합니다.

순임금은 효성과 우애가 지극했다고 전해지는데, 그에게는 고지식한 아버지 고수瞽瞍와 심성이 몹시 고약했던 계모, 그리고 계모의 아들인 이복동생 상象이 있었습니다.

고수는 아들 순에게 식량 창고의 지붕을 고치라고 하고서 창고에 불을 지르고, 우물을 파라고 시킨 후 돌로 막아버리는 등 그를 죽이려고 애를 썼습니다. 그러나 그때마다 순이 영험한 힘을 받아 용케 목숨을 건지자 함부로 그를 해칠 생각을 하지 못했습니다.

순은 자신을 죽이려고 한 가족들에게조차 효심을 버리지 않았을 뿐더러 이복동생과도 우애를 다졌으니, 이러한 인간 됨됨이에 대한 소문을 들은 요임금이 그에게 왕위를 선양해준 것입니다. 순임금 또한 자신의 아들이 아닌 현명한 신하 중 한 명이었던 우禹에게 왕위를 물려주었으니, 우임금이 바로 중국 고대 왕조인 하夏나라의 시조가 된 것입니다.

요임금과 순임금이 다스리던 시절은 나라가 평온하고 백성들이 편안하여 지극히 태평한 시절이었습니다. 요임금과 순임금의 덕정德政에 대해 《논어》를 비롯한 여러 책에서는 다음과 같이 언급합니다.

크도다! 요의 임금됨이여!

높고 크기로는 하늘에 비길 데 없거늘

오직 요임금이 이를 본받으시니

크고 넓어 백성이 능히 이름을 붙일 수 없도다.

大哉, 堯之爲君也, 巍巍乎唯天爲大, 唯堯則之, 蕩蕩乎民無能名焉

ㅡ 《논어》〈태백(泰伯)〉 중에서

임금답도다, 순이여!

높고 커서 천하를 소유하고도 마음에 관여하지 않았다.

君哉, 舜也, 巍巍乎有天下而不與焉

ㅡ 《맹자(孟子)》〈등문공 상(滕文公 上)〉 중에서

하는 일 없이도 다스린 자는 순임금인저

無爲而治者, 其舜也與

ㅡ 《논어》〈위령공(衛靈公)〉 중에서

이처럼 요순堯舜의 사람됨이 위대했을 뿐만 아니라 그들의 정치 또한 매우 훌륭하여 마치 아무것도 하는 일이 없는 것처럼 보이면서도 태평하게 다스려진 시대였음을 찬미하고 있습니다. 이를 '무위이화無爲而化'라고 줄여서 말하는데, 지금까지도 요순시대는 지극한 태평성대를 구가한 시절로 기억되고 있습니다.

우임금이 하나라를 세운 후 본격적으로 하은주夏殷周 시대로 접어들게 됩니다. 하나라의 폭군 걸왕桀王과 은나라의 주왕紂王은 백성에게 가혹한 정치를 하고 여색에도 깊이 빠져 지냈습니다. 주왕에게는 비간比干이라는 충신이 있었는데, 그가 주왕의 음란함을 직언하자 주왕이 그의 심장을 도려내어 죽였다고 합니다.

또한 옥으로 궁전과 누대를 만들어 경궁瓊宮과 요대瑤臺라 이름을 짓는 등 사치를 일삼아 국가의 재정을 피폐하게 했습니다. 걸왕의 포악하고 가혹한 학정虐政에 대해 백성들이 크게 원망하자, 걸왕이 이에 대해 "내가 존재함은 하늘에 해가 있는 것과 같으니 하늘에 해가 없어진 후에야 내가 없어질 것"이라고 했습니다. 그러자 백성들이 해를 가리키며 말하기를 "이 해가 언제야 없어질까? 내가 차라리 너와 함께 없어지겠다[時日曷喪, 予及女偕亡]"고 말했다는 기록이 《서경》〈탕서湯誓〉에 보입니다. 걸왕과 주왕이 이처럼 포악무도하고 사치가 심했기 때문에 고통 받는 백성을 구하기 위해 은나라 탕왕과 주나라 무왕이 이들을 멸망시켰던 것입니다.

坐朝問道 垂拱平章

앉을 좌　아침 조　물을 문　길 도　　드리울 수　팔짱낄 공　평평할 평　밝을 장

조정에 앉아 도道를 묻고,
옷자락 드리우며 팔짱을 낌에도 나라가 평안하게 다스려진다.

愛育黎首 臣伏戎羌

사랑 애　기를 육　검을 려　머리 수　　신하 신　엎드릴 복　오랑캐 융　오랑캐 강

백성을 사랑하여 잘 기르니,
이민족인 융戎과 강羌도 신하로 복종한다.

遐邇壹體 率賓歸王

멀 하　가까울 이　한 일　몸 체　　거느릴 솔　손 빈　돌아갈 귀　임금 왕

멀고 가까운 곳에 있는 사람 모두 일체가 되어
서로를 거느리고 와서 임금에게 귀의한다.

鳴鳳在樹 白駒食場

울 명　봉황새 봉　있을 재　나무 수　　흰 백　망아지 구　밥 식　마당 장

우는 봉황은 나무에 있고,
흰 망아지는 마당에서 풀을 먹는다.

化被草木 賴及萬方

될 화　입을 피　풀 초　나무 목　　힘입을 뢰　미칠 급　일만 만　모 방

덕화가 풀과 나무까지 입혀지고,
힘입음이 만방에 미친다.

拱　팔짱낄 공

팔짱을 끼다. 여기서는 팔짱을 끼고 한가롭게 일의 형세를 지켜본다는
말로, 직접 사무를 보지 않음을 의미한다.

平章　평평할 평 · 밝을 장

안정되게 하고 밝게 한다는 뜻. 《서경》〈요전〉에 나오는 '백성을 밝게
다스린다'는 뜻인 '평장백성平章百姓'에서 유래된 말이다. 원문은 다음과
같다.

> 큰 덕을 밝히시어 구족을 화목하게 하시고,
> 구족이 화목하니 백성이 밝게 다스려지고,
> 백성이 밝으니 온 세상이 화평하게 되었다.
> 克明俊德, 以親九族, 九族既睦, 平章百姓, 百姓昭明, 協和萬邦

黎首 검을 려 · 머리 수

머리가 검은 백성을 가리키는 말로, 서민庶民을 뜻한다. 서민은 관을 쓰지 않으므로 검은 머리카락이 보인다고 해서 쓰는 말이다. 뜻이 같은 말로 '여원黎元', '검수黔首', '여묘黎苗', '여서黎庶', '증려烝黎' 등이 있다.

戎, 羌 오랑캐 융 · 오랑캐 강

이민족. '융戎'은 중국의 서부 지역을 대표하는 이민족이며, 강羌은 중국 북서부 칭하이성[靑海省] 부근에 살던 티베트계 유목민족을 말한다.

壹 한 일

하나. '한 일一'과 동일한 의미로 쓰이는 '갖은자'이다. 갖은자란 숫자를 나타내는 한자에서 쓰이는 것으로, 본래의 한자보다 획을 더 추가하여 영수증 등에서 숫자를 쉽게 고치거나 위조하지 못하도록 만든 글자를 말한다. '두 이二'의 갖은자는 貳, '석 삼三'의 갖은자는 參, '열 십十'의 갖은자는 拾을 사용하는 식이다.

率 거느릴 솔

거느리다. 이 글자는 음이 여러 가지이므로 주의해야 하는데, 여기서처럼 '어떠한 무리를 거느리다'라는 의미로 쓰일 때는 '솔'로 발음하고, '비율'을 의미할 때는 '율'로 읽는다. 또한 우두머리라는 뜻으로 쓰일 때는 장수將帥의 수帥와 동일한 의미로 쓰여 '수'로 발음한다.

化 될 화

덕화, 교화. 옳지 못한 사람을 어질고 선한 행동으로 바람직하게 변하게
한다는 뜻이다.

被 입을 피

(옷을) 입다, 씌우다 등의 의미가 확대되어 어떠한 대상에 영향을 미치게
한다는 의미로 쓰인다.

賴 힘입을 뢰

의지하다. 힘입다.

현명한 임금이 덕정을 펼치니
백성들이 그 은택으로 태평성대를 누리다.

앞의 내용에 이어, 제왕들의 덕정과 교화에 관해 서술하고 있습니
다. 태평성대의 평화롭고 안정된 분위기가 떠오르는 가운데, 처음
으로 맞이하는 배경은 바로 조정朝廷입니다.

엄숙한 기운이 감도는 조정에서 신하들과 도道에 관해 토론하
고, 소매를 드리운 채로 팔짱을 낀 제왕이 그들의 대화를 듣고 있
는 모습을 형용하고 있습니다.

이는《주역》〈계사전 하繫辭傳 下〉에서 "황제와 요순은 의상을 드
리우고 가만히 앉아 있으면서도 천하가 잘 다스려졌다[黃帝堯舜, 垂

衣裳而天下治]"고 한 말에서 유래된 것으로, 하는 일이 없이 가만히 지켜보기만 해도 천하가 잘 다스려졌다는 의미입니다.

하는 일이 없다는 것은 매일 술을 마시며 놀고 먹는다는 뜻이 아니라 아랫사람을 신임하고, 그가 맡은 바 임무에 대해 쓸데없이 간섭하지 않는다는 말입니다. 이후 '수의垂衣'라는 말은 제왕의 덕정을 비유할 때 쓰는 말이 되었습니다.

임금이 덕정을 베풀면 자기 나라의 백성뿐만 아니라 주변의 이민족들, 멀고 가까운 이웃나라에서도 모두 복종하고 모여들게 됩니다. 융戎과 강羌은 각기 특정한 이민족을 가리키는데, 여기서는 이민족 전체를 아울러 가리키는 말로 쓰였습니다.

《시경》〈소아小雅·북산北山〉에 "널리 하늘 아래 있는 땅 가운데 왕의 땅이 아닌 것이 없고, 땅의 모든 물가에까지 왕의 신하가 아닌 사람이 없다[溥天之下, 莫非王土, 率土之濱, 莫非王臣]"고 했으니, 이는 곧 온 천하의 사람들이 임금의 덕정에 감탄하여 스스로 모여들고 그에게 복종한다는 의미입니다.

'우는 봉황이 나무에 있고, 흰 망아지가 마당에 있다는 것'은 태평한 시대에 모든 기운이 화락하고 평화로워 날개 달린 새와 달리는 짐승들이 모두 평온하게 자신의 자리를 지키고 있음을 묘사한 것입니다.

봉황은 어진 임금이 나오면 나타난다는 길조로, 봉鳳은 수컷이고 황鳳은 암컷입니다. 두보의 시 〈추흥팔수秋興八首〉에는 다음과 같은 구절이 있습니다.

향기로운 벼는 앵무새가 쌀알을 쪼다 남은 것이요,
푸른 오동나무는 봉황이 깃든 늙은 가지로다.

香稻啄餘鸚鵡粒, 碧梧棲老鳳凰枝

《시경》〈소아·백구〉에는 "깨끗한 저 흰 망아지가 우리 밭의 곡식을 다 먹으니 발과 가슴을 얽어매고 오늘 아침을 길게 늘여서, 귀한 우리 이 손님을 더 놀다 가시게 하리라[皎皎白駒, 食我場苗, 繫之維之, 以永今朝, 所謂伊人, 於焉逍遙]"고 한 구절이 있습니다.

이 시는 떠나는 은사隱士가 우리 집에 찾아왔다가 돌아가려고 하자 차마 보내기 아쉬워하는 뜻을 토로한 시입니다. 우는 봉황과 흰 망아지가 날개 달린 새와 달리는 짐승을 대표하기도 하지만, 어진 신하와 은사를 의미하기도 합니다. 곧, 만물이 평화롭고 태평한 시대이면서 현자와 은사들도 자신의 자리에서 직분을 다하고 있는 모습을 함께 말하고자 함을 알 수 있습니다.

임금의 교화에 힘입음이 사람과 동물뿐만 아니라 초목에까지 이르고 사방에 미치어 온 나라가 평온하니, 이러한 모습은 바로 군주시대의 이상적인 광경입니다. 임금이 덕정을 펼치고, 신하와 백성이 그 은택을 받아 모두가 평온한 태평성대를 향한 바람을 서술한 단락입니다.

천자문을 크게 네 부분으로 나누었을 때, 여기까지를 그 첫 번째 내용으로 볼 수 있습니다. 우주와 천문에서 인간계를 아우르며 여러 현상에 대해 서술했고, 상고시대의 문명 발전과 군주 시대의 도리 등을 말하며 우리가 살아가는 인간 세계의 역사를 순차적으로 설명했습니다.

2장

수신과 도덕, 그리고 실행

삼가 나를 길러주셨음을 생각하니
어찌 감히 훼손할 수 있겠는가

蓋此身髮 四大五常

덮을 개　이 차　몸 신　터럭 발　넉 사　큰 대　다섯 오　떳떳할 상

대개 우리의 몸과 터럭은
지수화풍地水火風 의 사대四大 로 이루어지고,
인의예지신仁義禮智信 의 오상五常 이 있다.

恭惟鞠養 豈敢毀傷

공손할 공　생각할 유　기를 국　기를 양　어찌 기　감히 감　헐 훼　상할 상

삼가 나를 길러주셨음을 생각하니
어찌 감히 훼손할 수 있겠는가.

女慕貞烈 男效才良

계집 녀　사모할 모　곧을 정　매울 열　사내 남　본받을 효　재주 재　어질 량

여자는 곧은 절개를 사모하고,
남자는 재주 있고 어진 사람을 본받아야 한다.

知過必改 得能莫忘

알 지　허물 과　반드시 필　고칠 개　얻을 득　능할 능　말 막　잊을 망

허물을 알면 반드시 고치고,
잘할 수 있는 것을 얻으면 잊지 마라.

罔談彼短 靡恃己長

없을 망　말씀 담　저 피　짧을 단　　아닐 미　믿을 시　몸 기　길 장

타인의 단점을 말하지 말고
자신의 장점을 믿지 마라.

信使可覆 器欲難量

믿을 신　하여금 사　옳을 가　다시 복　　그릇 기　하고자할 욕　어려울 난　헤아릴 량

약속은 실천할 수 있도록 하고,
기량器量은 다른 사람이 헤아리기 어렵게 하라.

蓋 덮을 개

대개. 문장의 처음에 자주 쓰이는 발어사發語詞이다. 발어사란 문장의 처음이나 중간에서 중요한 말을 시작하기 전에 운을 떼는 글자를 말한다. '대개', '무릇' 같은 의미를 나타내는 '부夫'자가 대표적이다.

身 몸 신

몸. 부모로부터 물려받은 신체이다.

髮 터럭 발

머리털. 여기서는 신체에 있는 모든 털과 피부를 함께 의미한다.

四大 넉 사 ǀ 큰 대

네 가지 큰 것. 불교에서 인체의 구성이 되는 지地, 수水, 화火, 풍風을 말
한다. 《노자老子》에서는 사대에 대해 도道, 하늘[天], 땅[地], 왕王이라고 했
으나 본문에서 사대의 주어가 '사람의 몸'이 되므로 불교에서 통용되는
의미로 풀이했다.

五常 다섯 오 ǀ 떳떳할 상

인간의 다섯 가지 떳떳한 성품. 유학에서 말하는 준칙으로 삼아야 할 인
간의 성품은 인仁, 의義, 예禮, 지智, 신信이다.

鞠 기를 국

기르다. 국鞠은 '가죽으로 만든 공', '국화', '국문鞠問하다' 등 여러 가지
의미가 있는데, 여기서는 《사자소학》 중에서 '어머니는 나를 기르셨도다
[母鞠我身]'에서의 쓰임과 동일하다.

良 어질 양

'어질다'는 의미로, 사람의 인품을 형용할 때 주로 쓰인다. 어떠한 재주
나 사물과 관련해서 쓸 때는 '훌륭하다'는 의미로 번역한다.

過 허물 과

허물. 잘못. 이 글자는 '지나가다'라는 다른 뜻으로도 자주 쓰이므로 해석에 유의하여야 한다.

莫, 罔, 靡 말 막 ·없을 망 ·아닐 미

세 글자 모두 '없다', '아니다' 등의 의미를 가지고 있는데, 여기서는 모두 '~하지 말라'는 금지사로 쓰였다. '말 물勿', '말 무毋' 등과 같은 뜻이다.

彼 저 피

저, 저 사람. 차此 와 대비되어, 저 사람을 가리키는 3인칭 대명사이다. 여기서는 자신을 가리키는 '자기 기己'와 대비하여 타인이라고 번역했다.

信 믿을 신

이 글자는 '믿다'라는 뜻을 포함하여 '맡기다', '편지', '신표', '진실로' 등 여러 가지 의미가 있다. 여기서는 원전의 의미를 살려 '약속[約信]'의 의미로 풀이했다.

覆 다시 복

'다시 복復'과 동일한 의미를 지닌 글자로 '다시'라는 뜻으로 쓰일 때는 '복'으로 발음하고, '덮다'라는 뜻으로 쓰일 때는 '부'로 발음한다. 여기서는 원전의 의미를 살려 '실천하다[踐]'는 뜻으로 풀이했다.

器 그릇 기

원래는 그릇이라는 뜻이지만, 여기서는 사람이 가지고 있는 재능, 기량이라는 의미로 쓰였다.

마음을 바르게 수양하고, 다른 사람과의
관계에서 마땅히 처신해야 할 도리를 배운다.

천상계에서 지상계로 무대가 옮겨지는 가운데 상고시대 제왕들의 업적과 군주들의 올바른 도리에 대해 공부했습니다. 이 단락은 조금 더 초점을 좁혀 자기 자신을 돌이켜보고 있습니다.

자신의 몸을 간수하는 것의 중요성을 피력한 후에 자신의 마음을 바르게 수양하고 다른 사람과의 관계에서 마땅히 처신해야 할 도리를 하나씩 말하였습니다.

첫 문장인 '개차신발蓋此身髮, 사대오상四大五常'부터 차례대로 살펴보도록 하겠습니다. 신발身髮은 '신체발부身體髮膚'를 줄인 말로, 《사자소학》 효행편에는 "신체발부, 물훼물상勿毀勿傷"이라는 말로 표현되고 있습니다. '신체와 머리털과 피부를 함부로 훼손하지 말며 상하게 하지 말라'는 의미입니다.

이는 《효경》 〈개종명의開宗明義〉에서 나온 문장입니다. 우리가 부모에게서 물려받은 신체와 머리털을 소중히 여겨야 함은 만고불변의 진리로, 바로 이런 태도에서 진정한 효가 시작되는 것입니다.

사대四大는 문자 그대로 '네 가지 큰 것'이라는 의미로 불교에서 세상의 만물을 이루는 근본이 되는 땅[地], 물[水], 불[火], 바람[風]을 말합니다.

불교에서는 인간의 육신도 사대가 일시적으로 모여서 조성된 하나의 물질이라고 보기 때문에, 이 말은 곧 인체人體를 가리키는 말로도 쓰이게 되었습니다. 유교의 논리로 가득한 천자문에서 불교 용어를 사용했다는 점이 특이합니다.

오상五常은 '다섯 가지 떳떳한 것'이라는 의미로 '인의예지신'의 다섯 가지 덕목을 말합니다. 예로부터 사대와 오상은 인간과 짐승을 가르는 기준으로 여겼습니다. 사람이라면 누구나 이 네 가지 큰 것과 다섯 가지 떳떳한 도리를 지니고 있으면서 부모님께서 물려주신 신체를 함부로 다루지 말아야 한다는 가르침입니다.

나아가 성별에 따라 좀 더 중시되는 덕목이 있으니, 남자는 다른 사람의 뛰어난 재주와 어진 모습을 본받는 것에 집중해야 하고, 여자는 정절을 굳게 지키는 모습을 가장 중요한 일로 여겼습니다. 지금의 성 역할 관념에는 맞지 않지만, 저마다 맞는 도리를 다 한다는 의미로 여기면 되겠습니다.

사람은 누구나 실수를 하고, 잘못을 저지르며 살아갑니다. 그러나 자신의 잘못에는 관대하고, 다른 사람의 잘못에는 지나치게 엄격한 잣대를 들이대는 경우가 많습니다. 《논어》에는 이에 대해 언급한 문장이 자주 보입니다. 〈학이學而〉에 이런 문장이 나옵니다.

자신보다 못한 사람과 벗하지 말고,
잘못하게 되면 고치기를 주저하지 마라.
無友不如己者, 過則勿憚改
그런가 하면 〈위령공衛靈公〉에는 이런 문장이 있습니다.

잘못을 하고도 고치지 않음이 바로 진짜 잘못된 것이다.
過而不改, 是謂過矣

자신에게 잘못이 있다면 거리낌 없이 고쳐야 하며, 잘못된 줄을 알면서도 고치지 않는 것이야말로 진짜 잘못이라는 뜻입니다. 이는 자신의 잘못을 돌이켜볼 줄 아는 정직의 미덕을 강조한 구절이라고 할 수 있습니다.

사람은 누구나 다른 사람과 일정한 관계를 맺고, 그러한 관계들이 모여 하나의 공동체 사회를 이루게 됩니다. 즉, 나 자신의 마음과 행동을 수양하는 것도 중요하지만 다른 사람과의 관계를 잘 유지하는 것 또한 상당히 중요한 일입니다.

마지막 두 문장은 다른 사람과의 관계에서 명심해야 할 부분에 대해 말하고 있습니다. 대인 관계에서 우선적으로 주의해야 할 일은 다른 사람의 단점을 흉보는 것입니다. 요즘 하는 말로 '뒷담화'라는 걸 하지 말아야 합니다.

다른 사람의 단점을 말하면서 그 사람을 함부로 무시하게 되면 언젠가 그 뒷담화가 부메랑이 되어 자신에게 돌아오게 된다는 경계의 말입니다. 또한 자기 자신의 장점을 믿고 함부로 행동하는 것도 삼가야 하니, 《명심보감明心寶鑑》에도 일찍이 이러한 행동에 대해 경계한 문장이 나옵니다.

다른 사람의 단점을 말하지 말 것이며,
자신의 장점도 말하지 말아야 한다.

無道人之短, 無說己之長

최대한 다른 사람의 단점을 눈감아주며, 자신을 낮추는 겸손한 자세가 대인 관계에 있어서 반드시 필요한 덕목입니다.

사람과의 사귐에 있어, 또 하나 중요한 점은 자신이 한 약속을 반드시 지키는 것입니다. 그러나 여기엔 한 가지 전제 조건이 있으니, 그 약속이 반드시 의리에 가까워야 한다는 것입니다. 이러한 약속의 중요성에 대해 《논어》에서는 이렇게 가르칩니다.

약속한 것이 의에 가까우면 그 말을 실천할 수 있다.

信近於義, 言可復也

여기서 '신信'은 약신約信이라는 뜻인데, 이는 곧 약속을 말합니다. 또 '복復'은 '실천하다'라는 의미로 쓰여 의리에 맞는 약속을 하게 되면 반드시 이를 실천해야 함을 말하고 있습니다.

기욕난량器欲難量에서 '그릇 기器'자는 도자기나 나무로 만든 그릇 자체를 의미하는 것이 아니라 그 사람의 수준이나 기량을 뜻하는 말로 쓰였습니다. 《논어》의 "군자는 자신의 기량을 국한하지 않는다[君子不器]"는 말에서 쓰인 뜻과 같습니다.

자기 자신을 너무 과장하거나 으스대서도 안 되지만, 그 기량이 커서 남들이 헤아릴 수 없는 정도가 되어야 한다는 이야기입니다. 종합적으로 이번 단락에서는 인간관계에서 의리를 지키고 반드시 약속을 실천하며, 겸손함을 유지하면서도 자신의 기량을 계속 연마해나가야 한다는 것을 강조하고 있습니다.

墨悲絲染 詩讚羔羊

먹 묵　슬플 비　실 사　물들일 염　　글 시　기릴 찬　염소 고　양 양

묵적은 실이 물드는 것을 슬퍼했고,
《시경》에서는 염소와 새끼 양과 같은 온순함을 찬미했다.

景行維賢 克念作聖

클 경　행할 행　벼리 유　어질 현　　이길 극　생각할 념　지을 작　성인 성

훌륭하게 행하면 현자의 본보기가 되고,
능히 생각하면 성인이 된다.

德建名立 形端表正

큰 덕　세울 건　이름 명　설 립　　형상 형　단정할 단　겉 표　바를 정

덕행이 굳건하면 명예가 서게 되고,
형모가 단정하면 겉모습도 바르게 된다.

墨　먹 묵

춘추전국시대 사상가인 묵자墨子를 가리키며, 적翟은 그의 이름이다.

染 물들일 염

어떠한 영향(주로 나쁜 영향)을 받아서 물드는 것을 의미한다.

羔羊 염소 고 · 양 양

《시경》〈소남召南〉의 편명으로, 국왕께서 덕정을 펼치자 백성이 염소와 양처럼 온순하게 변했음을 찬미한 시이다.

景 클 경

크다, 훌륭하다.

維 벼리 유

벼리는 '본보기', '모범', '중심' 등의 의미로 쓰이는데, 뒤의 작作과 대구對句를 이루는 것으로 보아 '현자의 본보기가 된다'의 동사형 의미로 풀이했다.

克 이길 극

'이기다'라는 뜻에서 기인하여 '능히 ~할 수 있다'는 의미로 쓰였다.

表正 겉 표 · 바를 정

표表는 '바깥', '겉면'을 나타내고, 정正은 '바르다'의 의미이다. 이를 서술어와 목적어의 관계로 풀이하여 '바름이 드러난다'라고 풀이할 수 있지만, 앞 문장의 명립名立과 동일하게 주어와 서술어의 관계로 보고 '겉모습이 바르게 된다'로 풀이했다.

행동을 바르게 하면 명예가 서고,
얼굴 생김새를 단정히 하면 겉모습 또한 바르다.

사람은 누구나 누군가의 영향을 받으며 살아갑니다. 우리는 자신
이 이루고자 하는 꿈을 이미 이뤄낸 성공자를 멘토로 삼아 그의
일생을 연구하고 훌륭한 점을 본받고자 합니다. 이는 사람이 살아
가면서 받는 좋은 영향일 것입니다.

그러나 모든 사람이 좋은 영향만을 받으면서 사는 것은 아닙니
다. 청소년기에 비행을 저지르는 친구와 친하게 지내면서 호기심
에 술과 담배를 입에 대는 경우도 있습니다.

이처럼 누군가에게 끼치는 영향은 좋은 영향과 나쁜 영향의 두
가지 측면을 모두 가지고 있는데, 여기서는 이를 두 구절로 대비
하여 나타냈습니다.

묵적은 전국시대의 사상가로, 모든 사람을 차별 없이 사랑해야
한다는 겸애설兼愛說을 주장했던 묵자입니다. 흰 실에 검은 물이
들면 다시 희지 못함을 슬퍼한다는 이야기는 묵적이 지은《묵자》
라는 책의 〈소염所染〉에 나와 있습니다. 이는 본래의 좋은 성품이
자신이 처한 환경에 따라 점점 변해가는 걸 안타깝게 여긴 것입
니다.《사자소학》에는 이런 말이 나옵니다.

먹을 가까이 하는 사람은 검게 되고

붉은 인주를 가까이 하는 사람은 붉게 된다.

近墨者黑, 近朱者赤

이 문장은 인간관계에서 나쁜 영향을 받는 경우를 나타내는 것입니다. 반면에 좋은 영향의 예로는 《시경》의 〈고양羔羊〉을 들 수 있습니다. 이 시는 야만스럽던 남국南國 사람들이 문왕文王의 훌륭한 정사에 교화되어 마치 염소와 새끼 양처럼 온순하게 변했음을 찬미하여 부른 노래입니다.

사람들은 주변의 유혹에 의해 나쁜 길로 빠지기도 하고, 높은 사람의 덕정에 교화를 입어 온순하게 그 말에 복종하기도 하는 등 환경에 의해 쉽게 좌지우지되기 마련입니다. 그러므로 더더욱 자신의 입지를 굳게 세워 현자賢者와 성인聖人을 목표로 삼아 행동을 닦아야 합니다.

경행유현景行維賢의 '경행'은 《시경》 〈소아·거할〉에서 나온 말로, 고인의 큰 덕행德行을 의미합니다.

높은 산처럼 우러르고, 큰 길처럼 따라간다.

高山仰止, 景行行止

또한 극념작성克念作聖은 《서경》 〈다방多方〉의 "성인이라도 잘못된 마음을 가지면 광인狂人이 되고, 광인이라도 생각을 잘하면 성인이 될 수 있다[惟聖罔念作狂, 惟狂克念作聖]"고 한 문장에서 나왔습니다.

덕을 행하고 생각을 제대로 한다면 비록 광인이라도 성인에 가깝게 될 수 있음을 말한 것입니다. 이처럼 행동을 바르게 하면 자신의 명예가 서게 되는 것이며, 얼굴 생김새를 단정하게 하면 자신의 겉모습 또한 바르게 됩니다. 《예기》〈잡기雜記〉에 다음과 같은 말이 나옵니다.

겉모습이 바르면, 그 그림자 또한 단정하다.
形正則, 影必端

그런가 하면 《열자列子》〈설부說符〉에서는 "형모가 곧으면 그림자 또한 바르다[形直則影正]"라고 하는 등 여러 곳에서 이와 관련된 문장을 찾아 볼 수 있습니다.

덕건명립德建名立, 형단표정形端表正을 "덕행이 군건하면 명예가 서게 되고, 형모가 단정해지고 겉모습도 바르게 된다"고 풀이하여 명립名立, 표단形端, 표정表正을 모두 덕건德建의 결과로 본 해석도 있습니다.

이렇게 풀이해도 크게 이상하지는 않지만, 덕德과 명名, 형形과 표表가 한문에서 주로 짝지어 나오는 대상임을 감안하여 네 글자씩 나누어 해석하는 게 더 자연스럽지 않을까 합니다. 올바른 마

음과 훌륭한 행동, 바른 겉모습을 모두 지녀야 유학에서 말하는
이상적 인간상인 군자君子에 한층 가까워지는 것입니다.

空谷傳聲 虛堂習聽

빌 공　골 곡　전할 전　소리 성　　빌 허　집 당　익힐 습　들을 청

빈 골짜기에서도 소리를 전하고,
빈집에서도 들림이 되풀이된다.

禍因惡積 福緣善慶

재앙 화　인할 인　악할 악　쌓을 적　　복 복　인연 연　착할 선　경사 경

화는 악이 쌓임으로 생기고,
복은 선한 경사로 말미암아 생긴다.

尺璧非寶 寸陰是競

자 척　구슬 벽　아닐 비　보배 보　　마디 촌　그늘 음　이 시　다툴 경

한 자 되는 구슬만을 보배로 여길 것이 아니요,
짧은 시간을 다투어야 한다.

習聽 익힐 습 | 들을 청

습習은 《논어》의 "배우고 때로 익히다[學而時習之]"에서 볼 수 있듯이 되풀이하여 익히는 것을 뜻한다. 그러므로 습청習聽은 '되풀이하여 들린다'로 풀이했다.

因, 緣 인할 인 · 인연 연

이 두 자는 함께 붙여 어떠한 사물들 사이를 맺는 관계, 내력 등을 의미하는 '인연因緣'이라는 단어로 자주 쓰인다. 여기서는 각기 모두 동사로 쓰여 '~으로 말미암다'의 의미로 풀이했다.

尺 자 척

길이의 단위로, 약 30cm 정도이다. 한 자 되는 구슬이란 것은 곧 매우 큰 구슬을 의미한다.

寸陰 마디 촌 · 그늘 음

매우 짧은 시간. 촌寸은 길이의 단위로, 손가락 한 마디 정도를 가리킨다. 음陰은 그늘이라는 뜻도 있지만 여기서는 '세월', '시간'의 의미로 쓰였다. 곧 아주 짧은 시간을 가리킨다.

是 이 시

'옳다', '~이다'라는 뜻을 가진 글자인데, 여기서는 글자의 순서를 도치시켜 강조하기 위한 수사로 쓰였으므로 굳이 해석하지 않아도 된다. 이 문장이 나타내고자 한 의미는 '경촌음競寸陰'인데, 글자 수를 맞추고 강조하기 위해 '시是'를 집어넣어 '촌음시경寸陰是競'이라고 한 것이다.

원인 없이 오는 행복이나 재앙은 없다.
모든 일은 스스로 부르니 항상 선행을 쌓아라.

앞 단락에서 유교의 이상향인 군자가 되기 위해 노력해야 할 부분들에 대해 말했습니다. 군자는 이에 더해서 그 언행을 특히 신경 써야 합니다. 이는 특히나 자신이 혼자 있을 때 더욱 조심해야 합니다. '빈 골짜기'와 '빈집' 등 다른 사람들이 보지 않는 공간에서도 그 소리가 전달됨을 말한 첫 문장에서 이에 대해 언급하고 있습니다. 《주역》에는 이런 문장이 보입니다.

군자가 그 집안에서 하는 말이 훌륭하면
천리 밖에서도 이를 따르게 될 것이니
하물며 가까운 곳에 있어서랴.
君子居其室, 出其言善, 則千里之外應之, 況其邇者乎

군자가 집안에 있다 해도 훌륭한 말을 하게 되면 그것은 천리뿐만 아니라 온 사방으로 퍼지게 될 것입니다. 그렇다면 가까운 곳은 더 이상 말할 필요도 없이 그의 훌륭한 가르침이 전해져 들리고 되풀이되는 것입니다. 이는 《예기》〈곡례 상曲禮 上〉에 나오는 문장의 발상과 비슷합니다.

소리 없는 것에서 듣고, 형태가 없는 것에서 본다.

聽於無聲, 視於無形

이는 아무도 없는 조용한 빈 골짜기와 텅 빈집에 있더라도 그 소리와 형태가 모두 감지됨을 말한 것입니다.

다음 문장인 '화인악적禍因惡積, 복연선경福緣善慶'은 《사자소학》과 《주역》에도 나오는 문장을 떠올리게 합니다.

> 선행을 쌓는 집안은 반드시 뒤에 경사가 있을 것이며
> 선하지 못한 집안은 반드시 뒤에 재앙이 있을 것이니라.
> 積善之家, 必有餘慶, 積不善之家積惡之家, 必有餘殃

자신이 쌓은 선행과 악행이 쌓여서 결국엔 자신에게 복과 재앙으로 돌아온다는 것은 곧 원인과 결과가 반드시 상응함을 의미합니다. 이를 사자성어로는 '콩 심은 데 콩 난다'는 뜻의 '종두득두種豆得豆', 혹은 '인과응보因果應報' 등으로 표현할 수 있습니다.

아무 원인 없이 오는 행복이나 재앙은 없으며, 모든 것은 그 사람이 자초하는 것인 만큼 평소에도 항상 선행을 쌓아야 함을 말하고 있습니다.

'시간은 금이다Time is gold'라는 말이 있습니다. 이는 곧 '시간은 돈이다'라는 말이 변형된 것으로, 시간의 중요성에 대해 강조한 말입니다. 우리는 돈과 관련된 일에는 상당히 민감하면서도 시

간을 사용하는 것에 대해서는 종종 크게 신경 쓰지 않습니다. 눈에 당장 보이는 것만을 더욱 중요하게 여기는 씁쓸한 세태라 할 수 있습니다.

마지막 문장인 '척벽비보尺璧非寶, 촌음시경寸陰是競'은 한 자의 벽옥만을 보배로 여길 게 아니라 분초의 짧은 시간이야말로 진정 소중히 여겨야 함을 말한 문장입니다. 이는 《회남자》〈원도原道〉에 나오는 말에서 유래합니다.

> 그러므로 성인은 한 자의 벽옥을 귀하게 여기지 않고 한 치의 시간을 중시했으니, 시간은 얻기 어렵고 잃기는 쉽기 때문이다.
> 故聖人不貴尺之璧, 而重寸之陰, 時難得而易失也

촌음시경은 《명심보감》〈성심省心〉에서도 볼 수 있는 말입니다. 하나라의 시조인 우임금은 잦은 홍수로 인해 생기는 폐해를 방지하고자 치수治水 사업에 매진했기 때문에 너무나 바빠 촌음寸陰을 아꼈다고 전해집니다.

촌음은 짧은 시간을 의미하는 말로 일촌광음一寸光陰의 줄임말입니다. '촌각을 다투다'라는 표현의 촌각寸刻과 같은 말입니다. 송나라의 성리학자 주희朱熹는 〈우성偶成〉이라는 시에서 이렇게 말하고 있습니다.

소년은 쉽게 늙고 학업은 이루기 어려우니

한 치의 시간도 가벼이 여겨서는 안 되리.

少年易老學難成, 一寸光陰不可輕

이 문장 또한 시간을 다투어 아껴 써야 할 것을 당부하며, 시간
이 곧 보물처럼 소중한 것임을 상기시켜 서술한 것입니다.

資父事君 曰嚴與敬

바탕 자　아비 부　섬길 사　임금 군　　가로 왈　엄할 엄　더불 여　공경 경

아비를 섬기는 마음을 바탕으로 하여 임금을 섬기니
엄숙함과 공경함으로 해야 한다.

孝當竭力 忠則盡命

효도 효　마땅 당　다할 갈　힘 력　　충성 충　곧 즉　다할 진　목숨 명

효도는 힘을 다해야 하고,
충성은 목숨을 다해야 한다.

臨深履薄 夙興溫凊

임할 림　깊을 심　밟을 리　얇을 박　　이를 숙　일어날 흥　따뜻할 온　서늘할 청

깊은 연못에 임하는 듯 如臨深淵 하고
얇은 얼음을 밟는 듯 如履薄氷 하며,
일찍 일어나 밤늦게 자고 夙興夜寐,
겨울에는 따뜻하게 여름에는 시원하게 冬溫夏凊 해드려야 한다.

資　바탕 자

'~을 밑천으로 하다.' 바탕으로 하다.

事 섬길 사

사事는 '일', '사건'이라는 뜻으로 주로 쓰이고, '~을 섬긴다'는 의미로도 흔히 쓰인다. 여기서는 '섬기다'의 뜻이다.

曰 가로 왈

'~을 말하다'라는 뜻인데, 여기서는 '이에', '이제' 등을 의미하는 발어사로 쓰였으므로 굳이 해석하지 않는다.

當 마땅 당

마땅히 ~해야 한다.

竭 다할 갈

다하다. '다할 진盡'과 같은 의미이다.

命 목숨 명

목숨. '명命'자는 크게 '명령', '목숨'이라는 두 가지 뜻이 있는데 여기서는 '목숨'이라는 뜻으로 쓰였다.

清 서늘할 청

서늘하다, 시원하다. 판본에 따라 이수변冫 의 '청淸'을 쓰기도 하는데 의미는 동일하다.

스승을 섬기는 일처럼 아버지를 섬기고,
아버지를 섬기는 것을 임금을 섬기듯이 하라.

자신의 수양 태도에 집중했던 앞 단락에서 다시 분위기가 전환되어 부모님과 임금을 섬기는 자식과 신하의 자세에 대해 말하고 있습니다. 임금과 부모를 향한 태도는 유교에서 가장 중시하는 부분이라고 말할 수 있습니다.

여기서는 임금을 섬기는 덕목인 '충忠'과 부모를 섬기는 덕목인 '효孝'에 대해 서술하면서《사자소학》을 비롯한 여러 경전의 문장을 많이 인용하고 있습니다.

첫 문장인 '자부사군資父事君, 왈엄여경曰嚴與敬'은《효경》의 "아비 섬기는 마음을 바탕으로 임금을 섬긴다[資於事父以事君]"고 한 문장과《사자소학》에서 "스승을 섬기기를 어버이처럼 하여 반드시 공손하고 반드시 공경하라[事師如親, 必恭必敬]"고 한 문장과 비슷합니다.

곧 스승을 섬기는 것을 아버지 섬기는 것과 같이 하며, 아버지 섬기는 것을 임금 섬기듯 하는 것으로, 한 단계씩 연결하게 되면 임금과 스승과 아버지를 한 몸으로 여겨 섬겨야 한다는 뜻의 '군사부일체君師父一體'라는 말이 자연스레 떠오릅니다.

결국 임금을 섬기는 것은 곧 아버지를 섬기는 것과 스승을 섬기는 것과 같은 마음으로 해야 하는데, 이를 위해서는 엄숙하고도 공경한 자세를 가져야 한다는 뜻입니다.

 그 다음 문장 또한 낯설지 않습니다. '효당갈력孝當竭力, 충즉진명忠則盡命'은 효는 마땅히 힘을 다해야 하고, 충성은 목숨까지도 바쳐야 하는 것이니 부모에게 행하는 효행과 임금을 섬기는 충심을 나란히 서술한 문장입니다.
 부모에게 효도를 행하는 방법과 임금에게 충성을 다하는 방법을 각기 나눠 말하면서도 곧 부모와 임금을 대등하게 표현하여 위 문장에서 말하고자 하는 바를 다시 한 번 강조하였습니다.

 마지막 문장인 '임심리박臨深履薄, 숙흥온청夙興溫凊'은 자신의 심성 수양과 학문 태도, 효행의 방법 등을 나열한 것으로 한정된 글자 안에 여러 문장을 압축하여 나타낸 것이 특징입니다.
 임심臨深은 '마치 깊은 연못에 임하는 듯[如臨深淵]'의 줄임말이고, 리박履薄은 '마치 얇은 얼음을 밟는 듯[如履薄氷]'을 줄여서 쓴 것입니다. 이 문장은 《시경》〈소아 · 소민〉의 "두려워하여 조심하면서 깊은 연못에 임하는 듯하며 살얼음을 밟는 듯한다"에서 나온 문장으로, 매사에 신중히 행해야 할 것을 강조한 말입니다.

 숙흥夙興은 '일찍 일어나 밤늦게 잠들다[夙興夜寐]'의 줄임말이고, 온청溫凊은 '겨울에는 따뜻하게 해드리고 여름에는 시원하게 해드린다[冬溫夏凊]'는 말을 줄여서 쓴 것입니다.

이는 《사자소학》의 효행편에 나오는 문장으로, 일찍 일어나 밤 늦게 잠들 때까지 학문에 매진하거나 자신의 일을 부지런히 해야 한다는 성실한 생활 태도를 강조했습니다.

거기에 더해서 추운 겨울에는 부모님을 따뜻하게 해드리고, 더운 여름에 시원하게 해드리는 것을 생각하여 각기 처한 상황에 맞게 부모를 챙길 것을 다시 한 번 말하고 있습니다.

이 단락에서는 유가에서 강조하는 여러 덕목들을 나열했고, 이는 다른 책에서도 수차례 언급되는 중요한 사항이라 할 수 있습니다. 천자문의 이 부분을 읽으면서 《사자소학》 효행편, 충효편, 사제편 등을 함께 읽는다면 좋은 참고가 될 것입니다.

似蘭斯馨 如松之盛

같을 사　난초 란　이 사　향기 형　　같을 여　소나무 송　갈 지　성할 성

난과 같이 향기롭고,
소나무와 같이 성대하다.

川流不息 淵澄取映

내 천　흐를 류　아니 불　쉴 식　　못 연　맑을 징　취할 취　비칠 영

냇물은 쉴 새 없이 흐르고,
연못은 맑아서 물속까지 비친다.

容止若思 言辭安定

얼굴 용　그칠 지　같을 약　생각 사　　말씀 언　말씀 사　편안 안　정할 정

용모와 행동거지는 생각이 있는 듯이 하고,
언사는 안정되게 해야 한다.

篤初誠美 愼終宜令

도타울 독　처음 초　정성 성　아름다울 미　　삼갈 신　마칠 종　마땅할 의　하여금 령

시작을 독실하게 하여 진실로 아름답게 하고,
마무리를 삼가서 마땅히 좋게 해야 한다.

似 같을 사

'~와 같다.' 유사하다. 뒤의 '같을 여如'와 동일한 의미로 사용되었다.

斯 이 사

이, 이것. 지시사로 쓰였으며 해석은 굳이 따로 하지 않는다.

之 갈 지

이 글자는 여러 가지 의미가 있는데, 여기서는 관형격 조사로 '~의'라는 의미로 쓰였다.

止 그칠 지

발, 멈추다. 이 글자는 본래 발자국의 모양을 형상화한 것으로, 기본적으로 '발'이라는 뜻을 가지고 있다. 이 글자는 곧 발을 멈추고 그대로 있다는 뜻으로 확대되어 한 곳에 머물러 있음을 나타낸다. 여기서는 일어나 나아가는 것과 그대로 멈추어 있음을 뜻하는 '기거起居'의 의미로 쓰였으므로 행동거지로 풀이했다.

言辭 말씀 언 · 말씀 사

두 글자 모두 '말', '말씀'을 나타내는 글자이다. 이 외에 '말'이란 뜻을 가진 한자들이 많이 있는데 '말씀 어語', '말씀 담談', '말씀 설說', '말씀 사詞', '말할 화話' 등을 함께 기억해두면 좋다.

誠 정성 성

이 글자는 명사형일 때는 주로 '정성'이라는 뜻으로 쓰이는데, 여기서는
뒤의 '의宜'와 대구를 이루는 것으로 보아 부사인 '진실로'의 의미로 풀
이했다.

令 여금 령

이 글자는 '~으로 하여금', '명령', '시키다' 등의 의미로 자주 쓰이는 글
자인데, '좋다'라는 뜻도 가지고 있음을 기억해야 한다. 여기서는 앞의
'미美'와 대구를 이루는 것으로 보아 '좋다'는 의미로 풀이해야 한다.

높은 곳에 이르려면 낮은 곳부터 올라야 하듯이
어떤 일의 끝을 위해서는 그 시작을 신중히 하라.

매화梅花, 난초蘭草, 국화菊花, 대나무[竹]를 사군자四君子라고 부
릅니다. 네 가지 식물의 장점을 군자에 비유하여 네 명의 군자라
고 부르는 것입니다. 난초는 그윽하고 청결한 품의를 상징합니다.
《공자가어孔子家語》를 보면 다음과 같은 문장이 나옵니다.

좋은 사람과 함께 지내는 것은 마치 난초 향기가 그윽한 방에 들어가
는 것과 같으니, 오래 있다 보면 난초 향기가 나지 않는 것은 바로 자
기 자신이 그 향기와 동화되었기 때문이다.
與善人居, 如入芝蘭之室, 久而不聞其香, 即與之化矣

고상한 풍도와 성품을 지닌 사람과 가깝게 지내다 보면 나도 모르는 사이에 그와 동화되어 간다는 말입니다.

소나무의 성대함은 꺾이지 않는 굳은 절개를 비유하는 말로 자주 쓰입니다. 《논어》〈자한子罕〉에는 이런 문장이 나옵니다.

날씨가 추워진 뒤에야 소나무와 잣나무가 늦게 시듦을 안다.
歲寒然後, 知松柏之後彫也

이는 추운 한겨울에 다른 나무들이 전부 시들고 난 후에 소나무와 잣나무가 가장 뒤늦게 시드는 것을 말하며, 굳은 의지를 가지고 온갖 어려움을 헤쳐나가는, 변하지 않는 곧은 절개를 의미하는 말입니다.

천자문을 읽다 보면 비유를 사용한 문장들을 많이 볼 수 있습니다. 봉황과 흰 망아지는 태평하고 평화로운 세상을 나타내며, 드리운 옷자락과 팔짱을 낀 모습은 아무 일을 하지 않으면서도 나라를 평안하게 다스리는 군주를 나타내고, 난초와 소나무는 청결하고 곧은 절개를 비유하는 것 등이 있습니다.

물[水] 또한 문장에서 여러 가지 비유로 쓰이고 있습니다. 그 가운데 '흐르는 물'은 주로 '세월의 덧없음', '시간의 빠름' 등을 의미하고, '맑은 물'은 성품이 정결하고 심성이 고아한 사람을 비유하는 말로 자주 쓰였습니다.

'천류불식川流不息, 연징취영淵澄取映'이라는 문장 또한 흐르는 물로써 천지의 쉼 없는 운행을 표현했고, 맑은 연못으로 군자의 학문 태도와 맑은 심성을 말하고 있습니다.《논어》〈자한〉에는 공자가 쉴 새 없이 흐르는 냇물을 보면서 이렇게 말하는 장면이 나옵니다.

흘러가는 것이 이와 같구나, 밤낮을 가리지 않으니.

逝者如斯夫, 不舍晝夜

이는 하늘과 땅의 운행은 쉼이 없어 도道와 일체가 되며, 그 조화가 잠시도 쉬지 않고 왕래함을 말하는 것입니다. 주희는 이 문장을 쉬지 말고 면학할 것을 당부하는 말이라고 풀이했습니다.

뒤에 이어지는 문장 '연징취영淵澄取映'에서 맑은 연못으로 군자의 맑은 성품을 비유한 것으로 볼 때, '천류불식川流不息' 또한 쉴 새 없이 학문에 정진하는 군자의 학문 연마를 비유한 것으로 보아도 무방할 것입니다.

'용지약사容止若思, 언사안정言辭安定'은 행동거지와 언사를 항상 신중히 해야 함을 당부하는 말입니다. '용容'은 얼굴, 용모, 형모 등을 아우르는 말이고, '지止'는 행동거지를 압축한 말입니다.

이는 곧 얼굴 모습과 행동을 모두 생각이 있는 것과 같이 하며 언사는 안정되게 해야 함을 말한 것으로, 이 말은《예기》〈곡례〉

에 나오는 구절에서 유래된 말입니다.

공경하지 않음이 없어야 하며
엄숙하게 생각이 있는 것과 같이 하니
말이 안정되면 백성이 편안해진다.
毋不敬, 儼若思, 安定辭, 安民哉

마지막 문장인 '독초성미篤初誠美, 신종의령愼終宜令'은 처음과 끝의 중요성을 각기 설명한 문장입니다. 《서경》〈태갑太甲〉을 보면 다음과 같은 구절이 있습니다.

높은 데를 오를 때는 반드시 아래에서부터 하며,
먼 곳을 갈 때는 반드시 가까운 데에서 한다.
백성의 일을 가볍게 여기지 말고 어려움을 생각하며,
그 지위를 편안히 여기지 말고 위태로움을 생각해야 하니,
마지막을 신중히 함은 처음으로부터 한다.
若升高, 必自下, 若陟遐, 必自邇, 無輕民事惟難, 無安厥位惟危, 愼終于始

높은 산을 오르기 위해서는 낮은 곳에서부터 발을 떼고 올라가야 가능하며, 먼 곳을 가기 위해서는 출발선에서 발을 떼어야 도달할 수 있는 것처럼 어떠한 일의 끝을 잘 맺기 위해서는 곧 그

시작을 신중히 해야 함을 말하는 문장입니다.

앞의 두 예시는 결국 가장 마지막인 '신종우시愼終于始'를 말하기 위해 전제한 것으로 이 문장의 핵심 역시 여기에 있다고 할 수 있습니다. 어떠한 일의 끝을 잘 마무리하는 것에 대해 우리는 '유종有終의 미美'를 거둔다고 표현하는데, 좋은 마무리를 위해서는 반드시 그 시작이 좋아야 함을 잊지 말아야 할 것입니다.

榮業所基 籍甚無竟

영화 영 · 업 업 · 바 소 · 터 기 · 깔개 자 · 심할 심 · 없을 무 · 마칠 경

영화로운 사업의 기초가 되는 바이고,
명성이 자자하여 끝이 없을 것이다.

學優登仕 攝職從政

배울 학 · 넉넉할 우 · 오를 등 · 벼슬 사 · 잡을 섭 · 벼슬 직 · 좇을 종 · 정사 정

배우고서 여유가 있으면 벼슬에 올라
직책을 가지고 정사에 참여한다.

存以甘棠 去而益詠

있을 존 · 써 이 · 달 감 · 아가위나무 당 · 갈 거 · 말 이을 이 · 더할 익 · 읊을 영

소공께서 재위했을 때는 감당나무를 보존했으며,
그가 물러나자 더욱 감당시를 읊는다.

業 업 업

우리가 살아가기 위해 하는 일을 '업'이라고 한다. 주로 어떠한 일을 '업
으로 삼다'라고 표현할 때 쓴다.

籍甚 깔개 자 · 심할 심

'적籍'으로 읽을 때는 본래 문서라는 뜻의 글자이나 여기서는 '깔개'의 의미로 보았다. 이는 《한서漢書》〈육가전陸賈傳〉의 '가의가 이로써 한나라 조정의 공경들 사이에서 명성이 적심籍甚했다[賈以此游漢庭公卿間, 名聲籍甚]'는 문장에서 나온 말이다. 그런데 이 문장에 대해 왕선겸王先謙은 《한서보주漢書補註》에서 "적심은 《사기》에서 '자성藉盛'으로 쓰였다. 적籍은 곧 자藉의 의미로, 흰 띠 풀로 만든 깔개이니, 명성이 깔려져 더욱 성해짐을 의미한다"고 풀이했다. 곧 적심籍甚은 '명성이 자자하다'는 의미로 쓰인다.

存 있을 존

'있다', '보존하다'라는 뜻인데 여기서는 소공께서 재위에 계신다는 의미를 나타내었다. 뒤 문장의 거去는 '떠나다', '가다'의 의미인데, 여기서는 '재위에서 물러나 떠나다'는 의미를 함축하여 나타냈다.

以 써 이

여기서는 '~로써'의 의미로 쓰이지 않고 뒤 문장의 '이而'와 같은 뜻으로 쓰여 앞뒤의 글자를 연결해주는 역할을 한다.

甘棠 달 감 · 아가위나무 당

《시경》의 편명. 감당은 팥배나무를 가리킨다.

학식이 있는 자가 공적과 덕업을 갖추면
영화로운 사업의 기초가 되고 명성이 자자해진다.

이번 단락은 지도자의 선정善政, 교화와 덕업德業에 관해 서술한
부분입니다. '영업소기營業所基, 적심무경籍甚無竟'은 학식이 있는
자가 공적과 덕업을 모두 갖추게 되면 그것들은 전부 영화로운
사업의 기초가 되며, 명성이 자자하여 끝이 없을 것임을 말하고
있습니다.

영화로운 사업의 기초가 되는 단서는 바로 앞 단락에 있는데,
그것은 끊임없이 학문하며 맑은 마음을 가지고 용모와 언사를 단
정히 하여 시작과 끝을 신중하게 하는 것입니다. 앞에서 제시한
덕목들을 모두 갖춘 자라면 그의 명성이 사방에 널리 알려져 끝
없이 영화롭게 될 것입니다.

다음 문장인 '학우등사學優登仕, 섭직종정攝職從政'은 《사자소
학》 충효편에 나오는 문장인 "학문이 넉넉하면 벼슬하여 나라를
위해 충성을 다하라[學優則仕, 爲國盡忠]"와 비슷한데, 여기서는 학
문의 다음 단계로 벼슬을 하는 것을 말하고 있습니다. 《논어》〈자
장子張〉에는 두 행동을 선후 관계 없이 대등하게 서술한 문장이
나옵니다.

벼슬을 하면서 여유가 있으면 학문을 하고,

학문을 하고서 여유가 있으면 벼슬을 한다.

仕而優則學 學而優則仕

《사자소학》과 천자문에서는 학문에 관한 것을 말하면서 자연스레 뒷부분을 생략한 것으로 볼 수 있습니다. 그리고 《사자소학》에서는 '나라를 위해 충성을 다하라'는 대의大義를 표명했다면, 천자문에서는 '직책을 가지고 정사에 참여하라'는 좀 더 구체적이고 일반적인 서술을 했다는 차이점이 있습니다.

마지막 문장인 '존이감당存以甘棠, 거이익영去而益詠'은 주周나라 소공召公에 관한 고사를 담고 있습니다. 《시경》〈감당甘棠〉의 내용과 배경에 대해서는 시의 요지를 나타낸 '시서詩序'에서, "소백을 찬미한 시로, 소백의 교화가 남국에 밝았다[甘棠, 美召伯也, 召伯之教明於南國]"라고 말하고 있습니다.

소백은 주나라 소공召公인 석奭으로, 문왕文王의 동생입니다. 소백이 남쪽으로 지방을 순행하며 정사를 베풀었을 때 감당나무 아래에서 머물며 백성들의 아픈 곳을 잘 어루만져 주었다고 합니다. 그래서 백성들은 그가 재위에 있을 때는 감당나무를 보존하여 기념했고, 그가 마을을 떠난 후에는 그의 선정을 찬미하여 감당시甘棠詩를 더욱 읊었다고 합니다. 이로 인해 감당시는 후대에 지방관의 선정을 흠모함을 나타내는 시가 되었습니다.

이 문장에서 존存과 거去를 '살아계실 때'와 '돌아가신 후'의 의미로 보아, "그가 살아계실 때에는 감당나무를 보존했고, 돌아가시자 더욱 감당시를 읊는다"고 해석하기도 합니다.

　　이렇게 봐도 큰 무리가 없겠지만, 이 문장의 중점이 소공의 선정과 교화에 있으므로 '재위했을 때'와 '물러났을 때'의 의미로 좁혀서 해석하는 것이 더욱 마땅하지 않을까 합니다. 감당시의 원문은 다음과 같습니다.

우거진 저 감당나무, 자르지도 말고 베지도 마시오.

소백께서 지내셨던 곳이라오.

우거진 저 감당나무, 자르지도 말고 꺾지도 마시오.

소백께서 쉬셨던 곳이라오.

우거진 저 감당나무, 자르지도 말고 휘지도 마시오.

소백께서 즐기셨던 곳이라오.

蔽芾甘棠, 勿翦勿伐, 召伯所茇. 蔽芾甘棠, 勿翦勿敗, 召伯所憩.

蔽芾甘棠, 勿翦勿拜, 召伯所說.

樂殊貴賤 禮別尊卑

음악 악　다를 수　귀할 귀　천할 천　　예도 례　다를 별　높을 존　낮을 비

음악은 신분에 따라 귀천을 달리하고
예절은 존비를 분별한다.

上和下睦 夫唱婦隨

위 상　화할 화　아래 하　화목할 목　　지아비 부　부를 창　아내 부　따를 수

윗사람은 사랑하고 아랫사람은 공손하며
남편이 선창하고 아내는 따른다.

樂 음악 악

이 글자는 세 가지 다른 음과 뜻을 가지고 있는데, 여기서는 음악이라
는 뜻으로 쓰여 '악'으로 읽는다. 세 가지 다른 음의 첫 번째는 '즐긴다'
는 의미로 이때의 음은 '락'이다. 두 번째는 '음악'의 뜻으로 이때의 음은
'악'이다. 마지막으로 '좋아하다'의 의미로 쓰일 때는 '요'로 읽는다. '산
을 좋아하고 물을 좋아한다'는 의미인 '樂山樂水'라는 구절을 읽을 때는
'요산요수'로 읽어야 한다.

貴賤 귀할 귀 ▪ 천할 천

(신분, 출신 등이) 귀하고 천하다.

尊卑 높을 존 ▪ 낮을 비

(지위, 직위 등이) 높고 낮다.

上下 윗 상 ▪ 아래 하

(나이가) 많고 적음, (지위나 서열 등의) 높고 낮음 등으로 모두 해석 가능하다.

夫 지아비 부

남편을 가리킨다.

婦 며느리 부

며느리. 부인. 여기서는 부인을 가리킨다.

윗사람은 자애롭고 인자해야 하며
아랫사람은 공경하고 순종해야 한다.

선왕들의 예제禮制와 음악, 상하上下와 부부의 도리에 대해 순차적으로 서술한 단락입니다. 유교의 예제에서 강조하는 것은 곧 신분과 존비에 따른 구별이니,《한서漢書》〈공손홍전公孫弘傳〉을 보면 다음과 같은 문장이 나옵니다.

나아가고 물러감에 법도가 있고,

높고 낮음에 구분이 있는 것을 예라고 한다.

進退有度, 尊卑有分, 謂之禮

'악수귀천樂殊貴賤, 예별존비禮別尊卑'는 음악의 구별과 예절의 구분에 대해 설명한 문장입니다. 음악과 예제에 관한 구분은《논어》〈팔일八佾〉에서도 자세히 보이는데, 공자가 예를 모르는 삼가三家의 대부들을 비판한 부분을 통해 알 수 있습니다.

춘추시대 노魯나라의 삼가는 세 대부大夫의 집안으로 맹손씨孟孫氏, 숙손씨叔孫氏, 계손씨季孫氏를 가리킵니다. 이들은 노나라를 차지하여 정권을 독단하고 있었습니다.

그 중에서 계손씨는 유독 예절에 어긋나는 행동을 일삼아 비판의 대상이 되었습니다. 이들의 대표적인 행동으로 팔일무八佾舞와 옹시雍詩를 들 수 있습니다.

팔일무는 악사樂士 여덟 명이 여덟 줄로 늘어서서 춤을 추는 것으로 오직 천자만이 사용할 수 있는 춤입니다. 신분에 따라 천자는 팔일무, 제후는 육일무六佾舞, 사대부는 사일무四佾舞, 서민은 이일무二佾舞를 사용해야 합니다. 그런데 계씨가 자신의 신분에 맞지 않게 팔일무를 사용했으니, 공자께서 이를 보고 분노하여 다음과 같이 일갈합니다.

팔일무를 뜰에서 추게 하니 이것을 참는다면

어느 것인들 참지 못하겠는가.

八佾舞於庭, 是可忍也, 孰不可忍也

옹시雝詩는《시경》〈주송周頌〉의 옹雝편을 가리키는 것으로, 천자가 제사를 마치고 제사상을 치울 때 연주하는 악장樂章입니다. 그런데 당시 삼가의 집안에서 제사상을 거두면서 자신들의 신분으로는 연주할 수 없는 이 악장을 연주했습니다.

이번에도 공자께서는 음악과 예제에 있어 신분에 따른 구분이 있음을 무시하고 참람하게 예를 행한 삼가의 대부들에 대해 날선 비판을 서슴지 않았습니다.

다음 문장인 '상하화목上和下睦, 부창부수夫唱婦隨'는 나이와 성별에 따른 역할의 구별에 대해 말하고 있습니다. 상上은 상대적으로 나이가 더 많은 사람이고, 하下는 나이가 어린 사람을 의미합니다. 윗사람은 자애롭고 인자하여야 하며, 아랫사람은 순종적이며 공경해야 합니다. 각기 요구되는 덕목에 있어 차이가 있는 것입니다.

부부 또한 마찬가지입니다. '부창부수夫唱婦隨'는 남편이 먼저 주장하고 나아가면 부인이 그를 따라간다는 의미로 남편과 부인의 역할에 구분이 있음을 나타낸 말입니다.

이는《관윤자關尹子》에서 "천하의 예는 남편이 선도하고, 부인이 따른다[天下之禮, 夫者唱, 婦者從]"는 문장에서 나온 말입니다. 오륜五倫 가운데 부부간에 구별이 있다는 부부유별夫婦有別의 의미를 담은 문장이라고 할 수 있습니다.

이러한 윗사람 아랫사람, 부부 간의 관계나 구분, 역할은 현대와는 무척 다르지만, 여기서는 각자 맡은 바가 있다는 정도로 생각하면 되겠습니다.

外受傅訓　入奉母儀

바깥 외　받을 수　스승 부　가르칠 훈 .　들 입　받들 봉　어미 모　거동 의

밖에서는 스승님의 가르침을 받들고,
들어가서는 어머니의 법규를 받든다.

諸姑伯叔　猶子比兒

모두 제　시어미 고　맏 백　아재비 숙　같을 유　아들 자　견줄 비　아이 아

모든 고모와 큰아버지와 삼촌들은
조카를 아들과 같이 대하고 자기 아이에 견준다.

孔悔兄弟　同氣連枝

클 공　품을 회　맏 형　아우 제　같을 동　기운 기　이을 연　가지 지

깊이 생각해주는 형과 아우는
한 기운으로 이어진 가지와 같다.

交友投分　切磨箴規

사귈 교　벗 우　던질 투　나눌 분　끊을 절　갈 마　경계 잠　법 규

벗을 사귀어 정분을 나누고
학문을 갈고닦으며 서로를 경계하고 바로잡는다.

儀 거동 의

예의, 법규를 의미한다.

姑 시어미 고

시어머니, 고모, 부녀자 등의 의미를 가지고 있다. 여기서는 아버지의 여자 형제인 고모를 의미한다.

伯 맏 백

형제 중 가장 첫 번째인 맏이를 의미한다. 형제 중 둘째는 중仲, 셋째는 숙叔, 막내는 계季라고 말한다. 이 중 첫째와 둘째, 그리고 막내는 한 사람만을 지칭하지만, 형제가 네 명 이상일 경우에 세 번째 서열인 숙은 한 사람 이상일 수 있다.

孔 클 공

이 글자는 명사로 쓰일 때는 '구멍'이라는 뜻이지만, 형용사로 쓰일 때는 '크다', '아름답다'는 뜻을 가지고 있다.

投分 던질 투 ǀ 나눌 분

'분分'은 교분交分, 정분情分의 의미이고, '투投'는 주로 '던지다'라는 뜻으로 쓰이지만, 여기서는 '합하다'의 의미로 사용되었다.

밖에 나가면 부지런히 학문을 연마하고,
집에 돌아오면 어버이의 말씀을 규범으로 삼아라.

이번 단락은 스승, 부모, 친족, 형제, 붕우 등 여러 대상을 달리하여 각각을 대하는 도리에 관해 순차적으로 서술하고 있습니다. '외수부훈外受傅訓, 입봉모의入奉母儀'는 스승의 가르침과 집에서의 가르침이 모두 중요함을 말하고 있습니다. 당나라의 문학가 한유韓愈는 〈사설師說〉이라는 글에서 다음과 같이 말했습니다.

옛날의 학자들은 반드시 스승이 있었다. 스승이란 도를 전해주고,
학문을 가르치고, 의혹을 풀어주는 사람이다.
古之學者, 必有師, 師者, 所以傳道受業解惑也

한유는 이렇게 쓰면서 스승의 가르침을 크게 세 가지로 말했습니다. 스승의 가르침은 결국 학업과 관계있는 것이니, 집 밖을 나갔을 때는 부지런히 학문을 연마하는 데 힘써야 합니다. 집 안으로 들어오게 되면 어머님의 말을 규범으로 여겨야 하니, 이는 집 안에서 지켜야 할 가정의 법도를 받들라는 말입니다.

'제고백숙諸姑伯叔'은 여러 명의 고모, 큰 아버지, 삼촌을 말하는 것으로 곧 친족을 아울러 표현한 것입니다. 이분들은 부모의 형제로, 부모님과 혈연관계로 맺어진 만큼 나의 부모님이라 여기고 효성스런 마음을 가지고 대해야 합니다.

이와 마찬가지로 고모나 삼촌들 또한 나를 자신의 아이와 동일하게 여기실 것이니, 이것이 바로 '유자비아猶子比兒'입니다.《맹자》〈양혜왕 상梁惠王 上〉에는 바로 이러한 마음을 나타낸 말이 나옵니다.

자신의 어르신을 공경하는 마음으로 다른 사람의 어르신을 공경하고,
자기의 자식을 사랑하는 마음으로 다른 사람의 자식을 사랑한다.
老吾老, 以及人之老, 幼吾幼, 以及人之幼

《예기》〈단궁檀弓〉에는 "상복에 있어서 형제의 아들인 조카에 대한 복은 내 아들과 같이 한다[喪服, 兄弟之子猶子也]"고 한 부분이 있습니다. 누군가 돌아가셨을 때 치르는 상례喪禮는 어떠한 예보다 그 절차와 격식을 중요시 여기는 예식으로, 상복에 관한 논쟁은 조선 시대에 사화士禍를 불러올 정도로 중요한 문제였습니다.

그런데 나의 형제의 아들인 조카에 대한 상복을 나의 아들과 같이 한다고 했으니, 이는 조카를 내 아들처럼 생각하고 고모와 삼촌을 내 부모처럼 생각해야 하는 도리에 대해 말한 것입니다.

다음으로 형제를 언급합니다. 동기연지同氣連枝는 같은 뿌리의 가지로 이어진 나무로 형제 관계를 비유한 말입니다. 동기同氣는《사자소학》형제편의 '형제자매兄弟姉妹, 동기이생同氣而生'이라는 말을 비롯하여 여러 문장에서 형제나 자매를 가리키는 말로 쓰이

고 있습니다. 송宋나라의 철학가 정이천程伊川의 〈장설葬說〉에 이런 문장이 보입니다.

부조父祖와 자손은 그 기운이 서로 같으니,
한 쪽이 편안하면 다른 한 쪽도 편안하고
한 쪽이 위태로우면 다른 한 쪽도 위태로우니
이는 그 당연한 이치이다.
父祖子孫同氣, 彼安則此安, 彼危則此危, 亦其理也

이렇게 형제뿐만 아니라 부모와 자식의 관계 또한 동기라는 말로 표현했음을 알 수 있습니다.

마지막은 붕우朋友에 대한 언급입니다. 사람들은 자신과 마음이 맞는 사람을 만나 서로 사귀면서 정분을 나누게 되는데, 여기에서 '투投'는 '합하다', '마음이 잘 맞다'의 의미가 됩니다.

친구 간에 서로 뜻과 기운을 함께한다는 의미로 '의기투합意氣投合'이라는 말을 자주 쓰는데, 여기서의 투합 또한 투분投分과 같은 의미로 쓰인 것입니다.

벗의 관계는 서로 정담을 나누며 의기투합하는 것도 중요하지만, 서로가 서로를 권면하고 경계하는 역할을 하기도 합니다. 절마切磨는 '절차탁마切磋琢磨'의 줄임말로, 옥돌을 쪼고 가는 것을 의미합니다.

이 말은 본래 《시경》 〈기욱淇奧〉의 "아름답게 문채 나는 님이 시여, 옥돌을 자르고 다듬은 듯하고, 쪼고 간 듯하네[有匪君子, 如切 如磋, 如琢如磨]"라는 구절에서 가져온 것입니다. 이 시는 춘추시대 위무공衛武公의 덕이 훌륭함을 찬미한 내용입니다. 그리고 《대학》 에서는 "자르고 다듬듯이 한다는 것은 학문을 말함이요, 쪼고 갈 듯이 한다는 것은 스스로를 닦음이다[如切如磋者, 道學也, 如琢如磨者, 自脩也]"라고 하였습니다. 여기에서 알 수 있듯이 절차탁마는 옥돌 을 자르고 깨끗하게 다듬은 듯하다라는 외형적인 의미와 학문을 열심히 수련하고 연마한다는 내면적인 의미를 모두 포함하고 있 습니다. 여기서는 곧 붕우 간에 서로 격려하면서 덕을 닦고 학문 을 연마하는 것을 뜻하는 말입니다.

잠규箴規는 고쳐야 할 점을 바로잡는다는 의미입니다. 《사자소 학》 수신편의 '과실상규過失相規'와 같은 뜻으로, 붕우 간의 올바 른 도리에 대해 다시 한 번 강조한 문장입니다.

사람이 살다보면 실수도 하고, 과오도 저지르게 됩니다. 그럴 때 그러한 과실을 지적하고 바로잡아줄 사람이 곁에 있다면 한결 나은 삶을 살아갈 수 있을 것입니다.

향약鄕約은 '향촌규약鄕村規約'의 준말로, 지방자치단체의 향인 들이 서로 도우며 살아가자는 약속을 뜻하는 말입니다. 향약의 4대 강목 중 하나가 바로 잘못은 서로 규제한다는 과실상규입니 다. 그밖의 강목은 좋은 일은 서로 권한다는 덕업상권德業相勸, 예

의로 서로 사귄다는 예속상교禮俗相交, 어려운 일은 서로 돕는다
는 환난상휼患難相恤입니다.

仁慈隱惻　造次弗離

어질 인　사랑할 자　숨을 은　슬플 측　　지을 조　버금 차　아닐 불　떠날 리

인자하고 측은하게 여기는 마음을
조차간에도 떼어놓지 말아야 한다.

節義廉退　顚沛匪虧

마디 절　옳을 의　청렴할 렴　물러날 퇴　　엎어질 전　자빠질 패　아닐 비　이지러질 휴

절개와 의리, 청렴과 퇴양은
엎어지고 자빠질 때에도 부족하지 않아야 한다.

性靜情逸　心動神疲

성품 성　고요할 정　뜻 정　편안할 일　　마음 심　움직일 동　귀신 신　피로할 피

성품이 고요하면 감정이 편안해지고,
마음이 흔들리면 정신이 피로해진다.

守眞志滿　逐物意移

지킬 수　참 진　뜻 지　찰 만　　쫓을 축　만물 물　뜻 의　옮길 이

참된 마음을 지키면 뜻이 가득 차고,
외물을 쫓으면 뜻이 옮겨간다.

堅持雅操 好爵自縻

굳을 견　가질 지　바를 아　잡을 조　　좋을 호　벼슬 작　스스로 자　얽어맬 미

바른 지조를 굳게 지키면
좋은 벼슬이 절로 따른다.

隱惻　숨을 은 | 슬플 측

'측은지심惻隱之心'을 가리킨다. 측은지심은 인仁의 단서가 되는 마음가
짐으로, 다른 사람을 불쌍히 여기는 착한 마음씨를 말한다.

造次　지을 조 | 버금 차

아주 다급한 때, 갑작스러운 때를 의미한다.

顚沛　엎어질 전 | 자빠질 패

엎어지고 자빠지는 순간. 정신이 없고 위급한 순간을 의미한다.

匪　아닐 비

'비非'와 마찬가지로 부정의 의미로 쓰였다.

虧 이지러질 휴

이지러지다. 이 말은 달 등의 물체가 한쪽이 다 차지 않거나 한쪽 귀퉁이가 떨어져 없어진 것을 의미한다. 곧 '부족하다', '모자란다'의 의미다.

眞 참 진

참된 마음, 즉 천진天眞을 의미한다.

志 뜻 지

어떠한 일을 이루고자 하는 굳은 마음, 지조志操의 의미이다.

縻 얽어맬 미

고삐, 얽어매다. 여기서는 '(좋은 벼슬이) 얽혀 온다'는 의미로 쓰였다.

참된 마음으로 바른 지조를 지키면
삶이 안정되고 사회질서 또한 제대로 돌아간다.

유가에서 강조하는 여러 가지 관념 중에서 이 단락은 성정性情과 지조志操에 관한 구절들로 이루어져 있습니다. 올바른 마음가짐과 굳은 지조를 잠시라도 놓쳐서는 안 되는데, 이 급박한 상황을 표현한 조차造次와 전패顚沛는 모두 《논어》〈이인里仁〉에서 나온 말입니다.

군자는 밥을 먹는 동안에도 인仁을 어기는 일이 없어야 하니

아무리 경황이 없는 때라도 반드시 인에 있고,

다급한 상황이라도 인을 행해야 한다.

君子無終食之間違仁, 造次必於是, 顚沛必於是

《논어》에서는 인仁으로 그 대상을 한정시켰지만, 천자문에서는 인에 더해서 자애로움[慈], 측은함[隱側], 절개[節], 의리[義], 청렴[廉]과 퇴양[退] 등을 포함시켰습니다.

조차造次는 시간적인 개념으로 '갑자기 펼쳐지는 상황'을 의미하고, 전패顚沛는 '자빠지거나 엎어지는 정신없는 상황'을 의미합니다. 사람이 살아가면서 겪게 되는 다급하고 위험한 상황을 가정하여 이러한 순간에서조차 반드시 위에 나열한 덕목들을 지켜야 함을 강조한 것입니다.

다음은 성性과 정情, 심心과 신神을 차례로 서술하고 있습니다. 한나라의 철학자 동중서董仲舒는 인간의 성정性情에 대해 말하기를 "성性이란 것은 태어나면서 생기는 바탕[質]이고, 정情이란 것은 사람의 욕심이다[性者, 生之質也, 情者, 人之欲也]"라고 했습니다. 즉, 성은 인간이 태어나면서부터 가지는 본성을 말하고, 정은 사람의 욕심이 발현된 감정을 말한다는 것입니다.

사람의 본성에 대해 동양철학에서는 사람은 누구나 선한 본성을 가지고 태어난다는 성선설性善說이 주된 견해였다고 볼 수 있습니다. 성선설을 주장했던 대표적인 학자는 맹자인데, 그는 본래

선했던 마음이 외물外物에 의해 미혹되고, 악한 마음이 생겨난다고 주장했습니다.

바닥에 지갑이 떨어져 있는 걸 보게 되면 그 속에 든 돈을 가지고 싶은 마음이 발동합니다. 그러나 자신의 마음 속에 다른 사람의 물건에 손 대지 않는다는 확고한 원칙을 지킨다면 자연스레 지갑을 들고 경찰서에 가려고 할 것입니다.

이처럼 어떤 외물을 보고 마음이 동하여 갖고 싶은 욕심이 생기는 것을 견물생심見物生心이라고 합니다. 이러한 마음은 사람이라면 누구나 생기게 마련이지만, 그렇다고 해서 모든 사람이 외물에 의해 미혹되는 것은 아닙니다.

이는 자신이 지키고 있는 지조가 견고하지 못하기 때문이니, 중국 송나라 때의 불서佛書《벽암록碧巖錄》에서는 이에 대해 '자기 자신에게 미혹되면 사물을 쫓게 된다迷己逐物'고 했습니다. 자기 마음 깊은 곳의 굳은 지조를 지키면 이런 감정을 억제할 수 있어 외물을 보고도 흔들리지 않을 수 있습니다.

만일 모든 사람이 자신의 감정에만 치우쳐 외물에 미혹된다면, 사회질서는 매우 혼란스러워질 것입니다. 그러므로 참된 마음으로 바른 지조를 갖고 생활한다면 점차 질서가 구축될 것이며, 자신의 삶 또한 안정될 것입니다. 이렇게 되면 자연스레 좋은 벼슬 [好爵]이 따라오게 될 것입니다. 벼슬[爵]에 대해, 맹자는 이렇게 말합니다.

벼슬에는 천작天爵과 인작人爵이 있으니 인의와 충신, 그리고 선행을 즐겨서 게을리하지 않는 것은 천작이요, 공경대부와 같은 것이 인작이다. 옛 사람들은 천작을 닦자 인작이 절로 이르렀다.

有天爵者, 有人爵者, 仁義忠信, 樂善不倦, 此天爵也, 公卿大夫, 此人爵也, 古之人修其天爵, 而人爵從之

즉, 올바른 마음가짐을 잠시라도 놓치지 말고 바른 지조를 굳게 지키는 천작이 있으면 공경대부와 같은 좋은 벼슬이 저절로 따라오게 되는 것입니다.

여기까지가 천자문을 크게 네 부분으로 나누었을 때 두 번째에 해당되는 내용입니다. 제왕의 선정과 공적, 그리고 인간관계에서 준수해야 할 여러 도리, 유교에서 중시하는 여러 관념 등에 대해 다방면으로 서술했습니다.

첫 번째 부분이 우리가 살아가는 공간과 환경에 집중했다면, 두 번째 부분은 인간의 내면과 수신修身, 유가의 윤리 도덕에 초점을 맞추었습니다. 수신의 도는 자신의 신체를 건강히 하는 것을 우선했고, 그것의 실행은 인의예지신을 배양하는 것을 중시했습니다.

세 번째와 네 번째 부분에서는 또 어떠한 이야기가 펼쳐질지 계속해서 살펴보도록 하겠습니다.

3장

임금과 신하, 그리고 백성

출중한 선비들이 부지런히 힘쓰니
온 나라가 편안하다

都邑華夏 東西二京

도읍 도　고을 읍　빛날 화　여름 하　　동녘 동　서녘 서　두 이　서울 경

화하華夏의 도읍은
동경東京과 서경西京이다.

背邙面洛 浮渭據涇

등 배　뫼 망　낯 면　낙수 락　　뜰 부　위수 위　의지할 거　경수 경

망산邙山을 뒤로 하고, 낙수洛水를 앞에 두었으며
위수渭水에 뜨고, 경수涇水에 의거했다.

宮殿盤鬱 樓觀飛驚

집 궁　전각 전　소반 반　빽빽할 울　　다락 루　볼 관　날 비　놀랄 경

궁전은 빽빽이 모여 있고,
누각은 높이 솟아 놀라움을 자아낸다.

圖寫禽獸 畵綵仙靈

그림 도　그릴 사　날짐승 금　들짐승 수　　그림 화　채색 채　신선 선　신령 령

새와 짐승을 그렸으며
신선과 신령을 그려 채색했다.

丙舍傍啓 甲帳對楹

남녘 병　집 사　곁 방　열 계　　갑옷 갑　장막 장　대할 대　기둥 영

병사丙舍가 양측에 펼쳐져 있고,
갑장甲帳이 기둥에 마주하고 있다.

華夏　빛날 화 · 여름 하

고대 중국인들이 자신들을 일컫던 말로, 화華는 문명을 상징하고 하夏는
크다는 의미를 가지고 있다. 예로부터 화산華山과 하수夏水에 자리 잡았
기 때문에 이렇게 부른다.

東西　동녘 동 · 서녘 서

동쪽과 서쪽. 여기서는 동경東京과 서경西京을 말한다. 동경은 낙양洛陽을,
서경은 장안長安을 의미한다.

邙山　뫼 망 · 뫼 산

낙양의 북쪽에 있는 산으로 북망산北邙山이라고도 일컫는다. 후한後漢, 위
魏, 진晉 시대의 왕후공경王侯公卿이 이곳에 장사를 많이 지냈으므로 묘지
를 지칭하는 말로도 쓰인다.

洛水 낙수 락 ' 물 수

황하의 지류로, 산시陝西와 허난河南의 두 성省을 흐르는 강이다.

渭水, 涇水 위수 위 ' 경수 경

위수는 황하의 최대 지류로, 그 수원은 간쑤성[甘肅省]의 조서산鳥鼠山이며
산시성[陝西省] 중부를 꿰뚫어 동관潼關에 이르러 황하로 들어간다. 경수
는 위하渭河의 지류로 산시성 중부에 있다.

盤鬱 소반 반 ' 빽빽할 울

빽빽하고 무성하다는 뜻이다.

樓觀 다락 루 ' 볼 관

누각樓閣. 사방을 바라볼 수 있도록 문과 벽이 없이 다락처럼 높이 지은
집을 말한다.

飛驚 날 비 ' 놀랄 경

비飛는 누각의 모양이 높아 마치 날아갈 듯하다는 의미로, 누각의 모양
을 형용한 것으로 보았다. 경驚은 이러한 모양이 보는 사람들로 하여금
놀라움을 자아낸다는 의미로 풀이했다.

禽獸 날짐승 금 ' 들짐승 수

둘 다 짐승을 뜻하는 글자로, 금禽은 날개가 있으면서 발이 두 개인 짐승

을 가리키고 수獸는 털이 나고 발이 네 개인 짐승을 가리킨다.

舍 집 사

작은 주거 건물을 뜻한다. 집이라는 의미를 가진 글자는 무수히 많은데 그 중에 '집 궁宮', '집 당堂'은 의식을 위한 큰 공간을 뜻하며, 사舍는 '집 실室', '방 방房' 등과 함께 주거 공간을 의미할 때 쓰인다.

楹 둥 영

양영兩楹의 줄임말로, 궁전 가운데 양 옆으로 세워진 두 기둥을 말한다.

빽빽이 들어선 궁전의 누각들이
대궐의 웅장함을 드러내니 이것이 곧 나라의 힘이다.

중국의 지형과 조정의 모습을 생동감 있게 서술한 단락입니다. 그 중 첫 번째와 두 번째 문장은 중국의 도읍과 전반적인 지세地勢에 대해 말하고 있습니다.

화하華夏는 곧 중국을 가리키는데, 처음에는 황하黃河 유역 일대의 중원 지역을 가리키는 말이었다가 곧 중국 전체를 가리키게 되었습니다. '중화中華'와도 같은 말입니다.

중국은 화하와 중화 외에도 신주神州, 또는 적현赤縣이라고도 부릅니다. 이러한 명칭은 전국시대에 제齊나라 추연騶衍이 중국을 일컬어 '적현신주赤縣神州'라고 한 것에서 유래하여 후세에 중국을 일컫는 말이 되었습니다.

우리가 어떤 주택이나 건축물을 지을 때 풍수지리학적으로 산을 등지고 물을 바라보는 지세를 가장 이상적으로 여기는데, 이를 '배산임수背山臨水'라고 합니다. '배망면락背邙面洛'은 곧 배산임수의 지형을 가리키는 것으로, 동경인 낙양이 망산을 뒤로 하고, 낙수를 앞에 두고 있음을 뜻합니다.

'부위거경浮渭據涇'은 서경인 장안이 왼쪽으로 위수에 임하고, 오른쪽으로는 경수에 임하고 있음을 말한 것입니다. 위수渭水는 황하 최대의 지류로 그 수원은 간쑤성 조서산이고, 경수涇水는 위하의 지류로 산시성 중부에 있습니다.

예로부터 위수는 맑고 경수는 탁하여, 이 두 물줄기가 한 곳으로 흘러 들어가도 청탁淸濁이 섞이지 않고 분명하다고 합니다. 그래서 두 물줄기로 인품의 청탁을 비유하기도 했는데, 앞의 '천류불식川流不息, 연징취영淵澄取映'에서처럼 물로 사람의 인품을 비유하는 표현법은 곳곳에서 보이고 있습니다.

뒤의 세 문장은 궁전과 누각의 모습을 형용하여 중국 문명의 성대함을 드러내는 요소들을 구체적으로 서술하고 있습니다. '반울盤鬱'과 '비경飛驚'은 각기 궁전과 누각을 형용한 말입니다.

반盤은 굴곡이 있음을 뜻하고, 울鬱은 빽빽하다는 의미를 가지

고 있는 글자로, 주로 초목이 무성함을 형용하는 말이지만, 여기
서는 건물이 빽빽하게 들어서 있음을 나타내는 말로 쓰였습니다.

비경飛驚은 누각의 지세가 매우 높아 날아갈 듯해서 보는 이들
로 하여금 놀라움을 자아낸다는 의미인데, 관점에 따라 조금 해석
을 달리 할 수도 있습니다.

비飛를 '새가 날다'로 해석하여, '나는 새도 놀란다'는 주술 구
조로 해석하기도 합니다. 이는 곧 누각의 지세가 높아 날아다니는
새도 놀랄 정도라는 의미로 본 것입니다.

해석은 조금 다르지만, 누각의 높이 솟은 형세를 감탄하는 말
이라는 점은 동일합니다. 그러나 앞 구절의 반울이 두 글자의 형
용사로 쓰였으므로 비경 또한 두 글자가 합해져 누각을 형용한
말로 보는 것이 자연스럽습니다.

건축물의 전반적인 외형을 묘사한 후, 대들보나 기둥 등에 그
려진 그림과 무늬를 언급하고 있습니다. 여기서도 말하고 있듯이
용맹함을 상징하는 새나 짐승 등을 그리거나 화려한 무늬 등으로
꾸며 그 성대함을 지극히 했습니다.

《논어》〈공야장公冶長〉을 보면, 공자께서 춘추시대 노나라 대부
장문중臧文仲에 대해 말하며, '산절조절山節藻梲'이라고 한 구절이
있습니다.

절節은 두공枓栱이라는 뜻으로 지붕을 받치는 받침대이며, 절

梲은 들보 위에 세우는 짧은 동자기둥을 의미합니다. 곧 '두공에 산을 조각했고, 동자기둥에 수초水草 무늬를 그려넣었다'는 말로, 장문중이 자신의 신분에 맞지 않게 화려하게 꾸몄음을 말하면서 이를 비판한 부분입니다. 이처럼 건축물에 새겨진 무늬는 단순히 꾸밈의 의미를 벗어나 거주하는 사람의 자리와 신분을 나타내는 중요 수단 중 하나였습니다.

마지막으로, 병사丙舍와 갑장甲帳에 대해 말합니다. 병사는 궁궐의 정전正殿 양측에 있는 작은 전각을, 갑장은 한나라 무제가 만든 갑을장 중의 하나를 가리킵니다.

한무제는 명월주나 야광주 같은 천하의 진귀한 보배를 섞어 갑장을 만들고, 그 다음 가는 것으로 을장乙帳을 만들어 신주는 갑장에 모셔두고, 자신은 을장에서 거처했다고 합니다.

이렇듯이 전각의 부속 건물이라 할 수 있는 병사와 갑장을 언급하며 궁실의 웅장함과 화려함에 대해 보충하여 설명하고 있습니다. 이 두 건물에 나오는 병, 갑, 을 등은 우리가 달력에서 많이 보아 낯익은 글자들로, 간지干支를 건물의 이름으로 사용한 것입니다.

간지는 천간天干과 지지地支를 합한 말로, '갑을병정무기경신임계甲乙丙丁戊己庚辛壬癸'가 하늘의 십간十干이 되고, '자축인묘진사오미신유술해子丑寅卯辰巳吾未申酉戌亥'가 땅의 십이지十二支가 됩니다.

천간과 지지를 하나씩 조합하면 갑자甲子, 기해己亥, 병신丙申 등 총 60개의 경우의 수가 나오게 되는데, 이를 '육십갑자六十甲子'라고 부릅니다. 이렇게 한 번 60갑자를 돌아 다시 새로운 갑자로 돌아오는 것을 '회갑回甲' 또는 '환갑還甲'이라고 합니다. 우리가 만 60세가 되면 환갑을 맞이한다고 표현하는 연유가 여기에 있습니다.

이 단락은 중국 도성의 지리적 위치와 화려한 궁실의 여러 모습을 순차적으로 말했습니다. 크게 두 부분으로 나누어 앞의 두 문장에서는 제왕의 도읍에 대해 말했고, 뒤의 세 문장에서는 제왕들의 궁실에 대해 말했습니다. 위대한 건축물은 존엄한 군주정치의 상징으로 볼 수 있으므로 그 외형과 무늬, 배열 등에 상당히 신경 썼음을 알 수 있습니다.

肆筵設席　鼓瑟吹笙

베풀 사　자리 연　베풀 설　자리 석　　두드릴 고　비파 슬　불 취　생황 생

자리를 펴고 방석을 내어놓고,
비파를 타고 생황을 분다.

陞階納陛　鼓瑟吹笙

오를 승　섬돌 계　들일 납　섬돌 폐　　두드릴 고　비파 슬　불 취　생황 생

계단으로 올라 납폐納陛 의 절차를 행하니
예모禮帽 의 구슬 장식 움직임이 별과 같다.

右通廣內　左達承明

오른 우　통할 통　넓을 광　안 내　　왼 좌　통달할 달　이를 승　밝을 명

오른쪽은 광내전廣內殿 과 통하고,
왼쪽은 승명전承明殿 에 다다른다.

旣集墳典　亦聚群英

이미 기　모을 집　무덤 분　법 전　　또 역　모을 취　무리 군　꽃부리 영

이미 삼분三墳 과 오전五典 을 모으고,
또한 뭇 영재들을 모았다.

杜藁鐘隸 漆書壁經

막을두 짚고 쇠북종 글씨예 옻칠 글서 벽벽 글경

두조杜操의 초서와 종요鍾繇의 예서가 있고,
옻칠로 쓴 벽 속의 경전이 있다.

瑟 비파 슬

현악기의 하나로 큰 거문고의 일종이다.

弁 고깔 변

귀족이 예식에 쓰는 모자를 가리킨다.

廣內 넓을 광 | 안 내

한나라 때 궁중의 도서를 보관하던 서고인 광내전廣內殿을 가리킨다.

承明 이를 승 | 밝을 명

한나라 때 학자들이 저술 활동을 하고 사서를 교열하던 곳인 승명전承明
殿을 가리킨다.

墳典 무덤 분 | 법 전

삼분三墳과 오전五典을 가리키는 것으로 삼분三墳은 복희씨와 신농씨, 황제인 삼황三皇의 전적典籍이고, 오전五典은 황제, 전욱顓頊, 제곡帝嚳, 요, 순 등 오제의 전적이다. 곧 많은 양의 고서나 고문古文을 의미한다.

英 꽃부리 영

본래 꽃잎 전체를 가리키는데, 이 글자는 '꽃이 핀다'는 의미에서 '눈에 띄다', '두드러지다' 등의 의미로 확대되어 쓰였다.

杜 막을 두

후한 장제章帝 때의 재상인 두도杜度를 가리킨다. 본래 이름은 두조杜操로 초서체의 대가였다고 한다.

藁 짚 고

한자의 서체 가운데 하나인 초서草書를 가리킨다. 본래 이 글자는 '고稿'와 같은 의미로 어떠한 시문의 초고草稿를 가리킨다. 초고를 작성할 때 일반적으로 초서를 썼기 때문에 후에 이를 일컫는 말이 되었다. 초서는 곡선 위주의 흘림체로, 행서行書를 빠르고 편리하게 쓰기 위해 만들어졌다.

鍾 쇠북 종

위나라의 대신이자 서예가인 종요鍾繇를 가리킨다. 글씨나 문장을 잘 쓰기 위한 서법書法의 명인이었다고 전한다.

隸 글씨 예

한자의 서체 가운데 하나인 예서隸書를 가리킨다. 예서는 전서篆書의 번
잡함을 생략하여 자획을 간략하게 만든 것이다. 본래 이 글자는 '종', '노
예'의 의미를 가졌는데, 노예와 같이 교육의 기회가 없는 사람도 이해하
기 쉽도록 간략히 한 글씨라는 의미에서 이같이 부른다.

인재를 가르치는 것이 최고의 즐거움이라
군주에게 인재 양성은 매우 중요한 사업이다.

전각의 외형을 묘사한 앞 단락에 이어 이곳을 드나드는 황제와
대부들의 모습을 형용하고 있습니다. '사연설석肆筵設席, 고슬취생
鼓瑟吹笙'은 임금과 신하의 연회 장면을 묘사한 문장입니다. 연석
에 자리를 마련하고 둘러앉아 술을 마시고, 악공들은 비파와 생황
을 불며 분위기를 돋우는 것입니다.

이 문장은《시경》〈대아大雅 · 행위行葦〉의 "자리를 펴고 방석을
놓으며 안석을 주어 계속하여 모시게 했네. 혹 술잔을 주고받으며
술잔을 씻고 잔을 올리네[肆筵設席, 授几有緝御, 或獻或酢, 洗爵奠斝]"라
는 문장과 〈소아小雅 · 녹명鹿鳴〉의 "나에게 반가운 손님들이 오셨
으니 비파를 타고 생황을 부네[我有嘉賓, 鼓瑟吹笙]"라는 문장에서
각기 한 구씩 따온 것입니다.

이 두 시는 모두 군신간의 화락한 정을 노래한 것으로, 임금이 어진 신하들에게 주연을 베풀며 두터운 예로 대우했음을 알 수 있습니다.

'승계납폐陞階納陛, 변전의성弁轉疑星'은 문무백관이 줄지어 계단을 올라 궁전으로 들어가는 모습을 형용한 문장입니다. 그들은 납폐의 절차를 행합니다.

계階와 폐陛는 모두 '섬돌'이란 의미를 가지는데, 섬돌은 낮은 곳에서 높은 곳으로 올라가기 위해 놓은 디딤돌이고, 납폐란 본래 천자가 공훈이 있는 대신에게 하사하는 아홉 가지 기물器物 중 하나입니다. 이 아홉 가지 기물을 구석九錫이라고 하는데, 구석은 납폐를 포함하여 거마車馬, 의복衣服, 악칙樂則, 주호朱戶, 호분虎賁, 궁시弓矢, 부월鈇鉞, 거창秬鬯을 가리킵니다.

납폐는 '섬돌에 들어가다'는 뜻으로 천자가 계시는 전상殿上에 올라갈 수 있는 특권을 말합니다. 중국에서는 본래 신하가 천자에게 말을 할 때 섬돌에 올라 직접 말할 수 없고, 계단의 밑에 있는 호위군을 통해서만 발언할 수 있었습니다.

따라서 섬돌의 아래를 뜻하는 '폐하陛下'라는 말은 곧 천자를 가리킵니다. 그런데 섬돌에 직접 오를 수 있었다는 것은 곧 천자가 대신에게 행하는 최고의 예우 가운데 하나라고 할 수 있습니다.

대부들은 예식을 행할 때 고깔의 솔기를 오색 구슬로 장식하여 별처럼 빛나는 관을 썼는데《시경》〈기욱〉에서 위무공衛武公을 칭송하면서 "고깔에 장식한 오색 구슬이 별처럼 빛난다[會弁如星]"고 말한 구절에서도 볼 수 있습니다.

'변전의성弁轉疑星'을 모자의 장식을 형용한 것으로 보지 않고, 줄지어 궁전으로 들어가는 대부가 워낙 많아 모자들이 마치 하늘에 있는 별처럼 촘촘하게 모여 있음을 묘사한 것으로 보는 해석도 있습니다.

중국은 화하華夏라는 이름으로 문명을 자부했던 만큼 서책의 보관과 수집, 인재 양성이 발전에 있어 매우 중요한 요소였습니다. 이어서 언급한 광내전廣內殿과 승명전承明殿은 모두 한나라 때의 도서관으로, 광내전은 도서를 보관하던 곳이고, 승명전은 학자들이 책을 쓰고 교열하던 곳이었습니다.

삼분三墳과 오전五典은 고대 제왕들 가운데 삼황과 오제의 전적을 가리키는데, 문자 그대로 삼황과 오제의 책만을 말하는 것이 아니라 훌륭한 학자들의 책을 두루 모았다는 의미로 쓴 문장입니다.

맹자가 '천하의 영재를 얻어서 가르치는 즐거움[得天下英才而教育之]'을 세 가지 즐거움[三樂] 가운데 하나로 꼽았을 정도로, 활발한 학술 활동과 인재 양성은 군주들이 아주 중요하게 여긴 사업이었습니다. 이는 곧 국가의 미래와 직접적으로 관련되어 있기 때문입니다.

문명이 발전해 나가면서 여러 가지 서체가 다양하게 발전하는데, 여기서는 초서의 대가인 두도와 예서의 대가인 종요를 대표적인 인물로 꼽았습니다. 특히 종요는 서법의 대가인 진晉나라의 왕희지王羲之와 함께 '종왕鍾王'으로 불릴 만큼 유명한 인물입니다.

'칠서벽경漆書壁經'은 옻칠로 쓴 벽 속의 경전이라는 의미입니다. 옛날에는 종이가 없었으므로 대나무 쪽에 글자를 새기고 옻칠을 하여 보관했습니다.

벽경은 벽 속에서 발견된 경전을 말합니다. 한무제漢武帝 말년에 노나라 공왕共王이 공자의 옛 집을 헐다가 벽 속에서 오래된 경전을 얻게 되었습니다.

여기에는《예기》,《논어》등 여러 책이 보관되어 있었는데, 이는 당시의 유학자들이 진시황의 분서갱유焚書坑儒를 염려하여 중요 경전을 벽 속에 숨겨두었음을 말해주는 대목입니다. 여기서 발견된 책들은 모두 고대의 한자[古字]로 되어 있어 후대의 연구에 큰 도움을 주고 있습니다.

府羅將相 路俠槐卿

관청부 벌릴라 장수장 서로상　길로 낄협 회화나무괴 벼슬경

관부에는 장수와 재상이 나열해 있고,
길에는 삼공三公과 구경九卿의 집이 늘어서 있다.

戶封八縣 家給千兵

지게호 봉할봉 여덟팔 고을현　집가 줄급 일천천 군사병

여덟 개의 현을 공신들에게 식읍食邑으로 봉해주었고,
제후국에는 천 명의 병사를 주었다.

高冠陪輦 驅轂振纓

높을고 갓관 모실배 수레련　몰구 바퀴통곡 떨칠진 갓끈영

높은 관을 쓰고 임금의 수레를 배종하고,
수레를 몰아 갓끈을 떨친다.

世祿侈富 車駕肥輕

세상세 녹록 사치할치 부자부　수레거 멍에할가 살찔비 가벼울경

대대로 녹을 받아 사치하고 부유하니
말은 살찌고 수레는 경쾌하다.

策功茂實 勒碑刻銘

꾀 책 공 공 무성할 무 열매 실   새길 륵 비석 비 새길 각 새길 명

공훈을 책록하고 실적을 성대하게 포상하며,
비석을 만들고 명문銘文 을 새긴다.

府 관청 부

부府는 본래 재물이나 문서를 보관하는 곳을 뜻하는 글자로 여기서는 관
청, 관부를 의미한다.

將相 장수 장 ㅣ 서로 상

장將은 장수를 의미하며 무관武官 가운데 가장 높은 지위이다. 상相은 재
상을 의미하며 문신文臣 가운데 가장 높은 지위이다.

槐 회화나무 괴

괴槐는 '삼괴三槐'를 의미한다. 삼괴란 세 그루의 괴목槐木으로, 곧 삼공三
公의 지위를 가리킨다.

卿 벼슬 경

경卿은 '구경九卿'을 뜻한다. 구경은 중국 역대 왕조에서 실권을 잡았던

아홉 명의 대신을 의미한다. '구극九棘'이라고도 한다.

戶 지게 호

한쪽 문을 형상화해서 만든 글자로, '호적상의 가족으로 구성된 집'을 의미하는 글자이다. 그 집에 속한 가족을 '호구戶口'라고 부른다.

輦 수레 련

임금이 타는 수레를 말한다.

轂 바퀴통 곡

수레의 바퀴 부분으로, 여기서는 수레를 가리킨다.

祿 복 록

여기서는 관작으로 생기는 작록爵祿과 직분으로 생기는 녹봉祿俸 등을 의미한다.

駕 멍에할 가

멍에. 수레나 쟁기를 끌기 위해 말이나 소의 목에 얹는 구부러진 막대를 말한다. 여기서는 떠나기 위해 준비하고 있는 말을 가리킨다.

輕 가벼울 경

수레의 움직임이 가뿐하고 경쾌함을 뜻한다.

策 꾀 책

'계책', '채찍' 등 여러 의미가 있는 글자이다. 여기서는 책록策錄으로 '기록하다'의 뜻으로 쓰였다.

碑, 銘 비석 비·새길 명

'비碑'는 돌과 관련한 것으로 비문碑文은 돌에 새긴 문장이고, '명銘'은 금속과 관련한 것으로 명문銘文은 금속 제기 등에 새긴 문장을 말한다.

친구와 사귀는 데 믿음이 없었던가
다른 사람의 일을 하는 데 충실하지 못했는가.

이 단락은 한나라가 천하를 통일했을 때 공신들에게 봉해주었던 식읍과 병력에 대해 전반적으로 서술하고 있습니다. '부라장상府羅將相, 노협괴경路俠槐卿'은 관부와 길에 장상과 공경이 널려 있다는 말로 덕과 재능이 있는 훌륭한 재상이 많음을 묘사한 문장입니다.

장상將相은 무과와 문과의 최고의 벼슬을 합하여 말한 것으로, 훌륭한 대부 가운데에는 문무를 겸비한 자가 많이 있었습니다. 이들을 일컬어 전쟁이 일어났을 때에는 장수가 되고, 조정으로 돌아와서는 재상이 된다고 하여 '출장입상出將入相'이라고 합니다.

괴경槐卿은 삼괴三槐와 구경九卿의 줄임말로, 이는 《주례周禮》

〈추관秋官·조사朝士〉에서 유래를 찾아볼 수 있습니다. 옛날 주나라 때 바깥 조정에 세 그루의 괴화나무와 아홉 그루의 가시나무를 심어 조신朝臣들이 서는 자리를 만들었습니다. 그러자 공경대부들이 괴화나무를 심은 곳과 가시나무를 심은 곳에 각기 나누어 앉게 되었으므로 이로써 삼공과 구경의 지위가 정해졌다고 합니다.

'호봉팔현戶封八縣, 가급천병家給千兵'은 한나라 때 큰 공을 세운 대신들에게 토지와 군사를 봉해주어 이들을 예우했음을 말하는 문장입니다. 팔현八縣은 곧 8개의 현이며, 천병千兵은 1천 명의 병사를 두게 했다는 것입니다.

여기서 팔八과 천千은 실제의 8과 1,000이라는 숫자를 의미하는 게 아니라 아주 많은 수를 나타낸 것입니다. 그리고 공신들에게 토지를 봉해주었다는 것은 토지의 명의를 공신에게 주었다는 게 아니라 8개의 현에서 나오는 세금을 받도록 했다는 의미입니다. 이를 '식읍食邑'이라고 합니다.

뒤의 세 문장은 이러한 공신들의 위엄 있는 모습을 형용하고, 그들의 현재와 후대의 모습을 시간의 흐름에 따라 서술하고 있습니다. '고관高冠'은 정수리가 높은 예모로, 신분이 높은 대신들이 착용하는 것입니다.

배련陪輦은 황제가 탄 수레를 곁에서 호위하며 따라간다는 말입니다. 본래 '연輦'은 사람이 끄는 수레인데, 후에 제왕의 후비后

妃가 타는 수레를 가리키는 말로 쓰이게 되면서 곧 황제를 의미하는 글자가 되었습니다.

영纓은 갓에 달린 끈으로, 갓끈을 떨친다는 것은 수레를 몰아 빠르게 달려 갓끈이 어지러이 흩날리는 모습을 형용한 말입니다. 갓끈은 갓에 꽂는 비녀와 더불어 잠영簪纓이라고 일컬어 높은 벼슬살이를 비유하는 말로 자주 쓰입니다. 전국시대의 정치가이자 시인인 굴원屈原의 〈어부사漁父辭〉에는 다음과 같은 구절이 나옵니다.

창랑의 물이 맑거든 나의 갓끈을 씻을 것이요,
창랑의 물이 흐리거든 나의 발을 씻을 것이로다.
滄浪之水淸兮, 可以濯吾纓, 滄浪之水濁兮, 可以濯吾足

갓끈을 씻는다는 것은 벼슬살이를 하고 출세하겠다는 세속의 마음을 버리고, 고결하게 자신의 신념을 지키고 살아감을 의미하는 것입니다.

'세록치부世祿侈富, 거가비경車駕肥輕'은 공신의 후손들까지도 대대로 녹을 받아 풍족하고 사치스러운 생활을 영위했음을 서술하고 있습니다. 비경肥輕은 살찐 말과 가벼운 수레를 의미하는데, 비肥와 경輕을 함께 쓴 문장은 다른 곳에서도 쉽게 찾아볼 수 있습니다. 《논어》〈옹야雍也〉에 이런 구절이 있습니다.

공서적公西赤은 제齊 나라로 갈 때에

살찐 말을 타고 가벼운 갖옷을 입었다.

赤之適齊也, 乘肥馬, 衣輕裘

공서적은 공자의 제자 중 한 사람으로 제사와 빈객賓客의 예에
밝았던 자화子華를 가리킵니다. 가벼운 옷을 입고 살찐 말을 타는
[輕裘肥馬] 사람을 오늘날 모습으로 상상해본다면, 고급차를 타고,
얇지만 따뜻한 모피 옷을 입은 사람일 것입니다. 즉, 생활이 호화
스럽고 신분이 높은 사람을 표현하는 말입니다.

이처럼 풍족하고 명예로운 생활을 영위하던 공신의 후손들은
조상의 공적을 영원히 남기기 위해 이를 기록하고 비석을 만들어
명문銘文을 새겼습니다.

돌이나 금속에 문자를 새기는 것은 죽간이나 종이에 새기는 것
보다 관리하기에 편하고, 글귀를 보다 더 오래 온전히 보존하는
데 효과적입니다. 선조들의 공적을 비석에 새겨서 오래도록 잊지
않으려는 후손들의 모습을 묘사하는 부분입니다.

항상 곁에 두어 새기는 말을 '좌우명座右銘'이라고 합니다. 여러
학자는 몇 가지 항목의 좌우명을 적어두고 날마다 보면서 자신을
반성했습니다.《논어》〈학이〉에는 증자曾子가 매일같이 세 가지를
반성했다는 대목이 나옵니다.

다른 사람의 일을 하는 데 충실하지 못했는가,

친구와 사귀는 데 믿음이 없었던가,

배운 것을 복습하지 않았는가, 하는 것이다.

爲人謀而不忠乎, 與朋友交而不信乎, 傳不習乎

공자의 제자인 자장子張은 스승이 충신과 독경篤敬에 대해 말하자, 이를 잊지 않기 위해 허리띠에 적었다고 합니다. 소중한 말씀을 잊지 않도록 적어두고 늘 가슴에 새기던 옛사람들의 모습은 후대를 살아가는 우리에게 귀감이 되고는 합니다.

磻溪伊尹 佐時阿衡

돌 반　시내 계　저 이　맏 윤　　도울 좌　때 시　언덕 아　저울대 형

반계磻溪의 여상呂尙과 신야莘野의 이윤伊尹은
재상의 지위로써 세상을 도왔다.

奄宅曲阜 微旦孰營

문득 엄　집 택　굽을 곡　언덕 부　　작을 미　아침 단　누구 숙　경영할 영

노나라 곡부曲阜를 어루만져 다스리니,
주공 단旦이 아니면 누가 경영하겠는가.

桓公匡合 濟弱扶傾

굳셀 환　귀인 공　바를 광　모을 합　　건널 제　약할 약　붙들 부　기울어질 경

제환공은 천하를 한 번에 바로잡았고, 제후를 규합하여
미약하고 기울던 주나라를 구제하고 붙들었다.

綺回漢惠 說感武丁

비단 기　돌아올 회　한수 한　은혜 혜　　기쁠 열　느낄 감　호반 무　고무래 정

기리계綺里季는 한나라 혜제惠帝의 지위를 돌려놓았고,
부열傅說은 무정武丁을 꿈속에서 감응시켰다.

俊乂密勿 多士寔寧

준걸 준　어질 예　빽빽할 밀　말 물　　많을 다　선비 사　이 식　편안할 녕

재덕이 출중한 이들이 부지런히 힘쓰고,
수많은 선비가 있어 나라가 편안하다.

磻溪 돌 반 ｜ 시내 계

강태공姜太公 여상呂尙이 주나라 문왕文王을 만나기 전에 낚시질을 하던
곳을 가리킨다.

伊尹 저 이 ｜ 맏 윤

이윤은 은殷나라의 정치가이자 사상가로, 이름은 지摯이다. 탕湯임금을
도와 왕도 정치를 실현하게 하고, 은나라를 세우는 일을 도왔다.

佐時 도울 좌 ｜ 때 시

좌佐는 '돕다', '보좌하다'는 의미이고, 시時는 당시의 시대를 의미한다.

阿衡 언덕 아 ｜ 저울대 형

은나라 때의 벼슬 이름으로, 이윤伊尹이 이 벼슬에 있었으므로 그를 가리
키는 말로 쓰인다.

奄宅 문득 엄 · 집 택

엄奄은 '어루만지다'의 의미이고, 택宅은 '정하다'의 의미로 쓰였다. 따라서 엄택은 '다스리다', '통치하다'로 풀이했다.

曲阜 굽을 곡 · 언덕 부

공자의 고향인 산둥성[山東省] 곡부현曲阜縣을 가리킨다.

旦 아침 단

문왕의 아들이자 무왕의 동생인 주공周公을 가리킨다. 주공은 성이 희姬이고 이름은 단旦이며, 시호는 문공文公이다. 무왕이 죽은 후 어린 성왕成王을 보좌하여 섭정을 했고, 예악을 정비했다.

桓公 굳셀 환 · 귀인 공

춘추시대 제나라의 15대 군주로 성은 강姜이고 이름은 소백小白이다. 강태공 여상의 12대 손이다.

匡 바를 광

'천하를 한 번에 바로잡았다[一匡天下]'는 뜻이다.

合 모을 합

'아홉 번에 걸쳐 제후들을 규합하여 동맹을 맺었다[九合諸侯]'는 뜻이다.

綺 비단 기

전한 초기의 은사隱士인 기리계綺里季를 가리킨다.

惠 은혜 혜

전한의 2대 황제이며 고조高祖의 맏아들인 혜제惠帝 유영劉盈을 가리킨다.

說 기쁠 열

은나라 고종高宗 때 재상이던 부열傅說을 말한다. '말씀 설'자로 쓰일 때도 있으니 주의해야 한다.

武丁 호반 무 | 고무래 정

은나라 20대 왕인 고종高宗을 가리킨다. 훌륭한 재상인 부열의 보필을 받으며 은나라를 중흥시켰다.

密勿 빽빽할 밀 | 말 물

부지런히 힘쓰다. 밀密은 '빽빽하다', '숨기다' 등 여러 의미를 가진 글자인데 여기서는 '노력하다', '힘쓰다'의 의미로 쓰였다. 물勿이라는 글자역시 부지런히 힘쓰는 모양이라는 의미를 가지고 있다. 여기서는 재주가많은 여러 대신이 임금을 도와 중요한 일을 돕고 힘쓴다는 뜻이다.

寔 이 식

'시是'와 통용되어 '~이다'의 의미를 가진다.

훌륭한 신하들이 황제를 잘 보필하니
나라가 태평하여 누구도 함부로 넘보지 못했다.

이 단락은 중국의 역대 여러 훌륭한 문신과 무관을 소개하고, 이
들에 얽힌 고사를 서술하고 있습니다. 첫 문장의 '반계이윤磻溪伊
尹'은 지역과 인명이 합쳐진 말로, 문장의 해석이 다소 복잡할 수
있습니다.

반계磻溪는 물가의 이름인데, 강태공 여상이 문왕을 만나 조정
으로 들어오기 전에 여기서 낚시질을 하며 지냈다고 합니다. 문왕
이 사냥을 나서기 전에 점을 쳤는데, '잡는 것이 호랑이도 웅비도
아니요, 패왕을 보좌할 인물이다'라는 점괘가 나왔습니다.

사냥을 나갔다가 낚시를 하고 있던 태공을 만나 수레에 태우고
함께 돌아와 사부로 삼았다는 이야기가 《사기》〈제태공세가齊太公
世家〉에 전해지고 있습니다.

이윤은 은나라 탕왕의 재상으로, 탕왕을 만나기 전에 유신국有
莘國의 들에서 농사를 지으면서 살았다고 합니다. 그러다 탕왕의
정중한 초빙을 받고 세상에 나가 상商나라를 일으켰습니다.

강태공과 이윤은 똑같이 나라를 다스릴 만한 경륜을 가지고서
도 강호에 은거해 살고 있다가 왕에게 발탁된 후에 일국의 재상
이 되어 세상을 다스리는 데 도움을 준 인물입니다.

다음으로 살펴볼 인물은 주공 단周公旦입니다. 그는 무왕을 도

와 난세를 평정하고 태평성세를 이루었던 10인의 훌륭한 신하 가운데 한 사람으로, 무왕이 죽은 후에 어린 성왕成王을 보좌하여 정사를 도왔습니다.

당시 월상국越裳國에서 사신이 왔는데, 흰 꿩을 바치며 말하기를 "하늘에 폭풍우가 없고 바다에 큰 파도가 일지 않은 지 3년이 되었으니 아마도 중국에 성인聖人이 계셔서 그런 듯합니다"라고 말한 일화가 《후한서後漢書》〈남만열전南蠻列傳〉에 보입니다. 주공이 성왕을 도와 나라가 평안하고 안정되었음을 알 수 있는 부분입니다.

또한 주공은 〈무일無逸〉이라는 글을 지었는데, 이는 '게으르지 말라'는 의미로 《서경》의 편명이기도 합니다. 이 글은 주공이 성왕에게 조언한 내용으로 농사의 어려움과 백성을 돌볼 것, 안일함에 빠지지 말 것 등의 충심 어린 말을 담고 있습니다. 주공을 시기하여 유언비어를 퍼뜨린 아우들의 모함 속에서도 성왕을 향한 주공의 마음은 이처럼 굳건했습니다.

환공은 춘추시대 제나라의 공자 소백小白으로, 앞서 나온 강태공의 후손이기도 합니다. 제환공이 패권을 잡을 수 있었던 것은 관중管仲의 도움이 있었기 때문입니다. 관중과 포숙鮑叔은 어려서부터 서로 친구 사이였는데, 포숙은 항상 관중의 어려움을 알고 도와주었습니다. 지금 우리에게 유명한 '관포지교管鮑之交'라는 고사성어가 생긴 유래입니다.

후에 포숙은 소백을 섬기게 되고 관중은 공자 규糾를 섬겼는데,

결국 소백이 승리하여 우리가 아는 환공이 되었습니다. 이때 포숙은 환공에게 관중을 등용할 수 있도록 추천했고, 관중은 환공을 적극 도와서 제후를 규합하고 패권을 잡을 수 있게 했습니다.

이는《논어》〈헌문憲問〉을 비롯한 여러 경전에서 자세한 내용을 볼 수 있는데, 공자는 관중을 칭송하며 이렇게 말했습니다.

> 관중이 환공을 도와 제후의 패자가 되어 천하를 한 번 바로잡으니
> 백성이 지금까지 그 혜택을 받고 있다. 관중이 없었다면 우리는
> 머리를 풀어헤치고 옷깃을 좌측에 매는 오랑캐가 되었을 것이다.
> 管仲相桓公, 霸諸侯, 一匡天下, 民到于今受其賜, 微管仲, 吾其被
> 髮左衽矣

또한 같은 편에서 공자는 이렇게도 말합니다.

> 환공이 제후를 규합하면서 무력을 쓰지 않은 것은 관중의 능력이니
> 누가 그의 인함과 같겠는가, 누가 그의 인함과 같겠는가.
> 桓公九合諸侯, 不以兵車, 管仲之力也, 如其仁, 如其仁

위 구절의 '일광천하一匡天下'와 '구합제후九合諸侯'에서 각각 한 글자씩 따와 광합匡合이라고 말한 것입니다.

진秦나라 말기의 난세를 피해 상산商山에 은거했던 사람들이

있습니다. 상산은 중국 산시성 상현商縣 동쪽에 있는 곳으로, 이곳에 은둔했던 네 명의 은자인 동원공東園公, 하황공夏黃公, 녹리선생角里先生, 기리계綺里季를 가리켜 '상산사호商山四晧'라고 부릅니다.

그 무렵 한고조漢高祖가 태자 유영劉盈을 폐하고 다른 아들을 태자로 세우려고 했는데, 신하들 모두가 고조의 뜻을 돌리지 못했습니다. 상산사호는 뒤에 장량張良의 권유에 따라 산에서 내려와 유영을 보필했는데, 그 결과 고조의 마음을 돌려 태자를 폐하지 않았다고 합니다. 이 이야기는 《사기》〈유후세가留侯世家〉에 자세히 나와 있습니다.

부열傳說은 은나라 고종高宗의 재상이었습니다. 그는 부암傳巖의 들에서 죄수들과 함께 담장을 쌓는 노역을 하며 지내고 있었는데, 고종의 꿈에 성인聖人의 형상으로 나타났습니다.

고종은 곧장 백관을 시켜 그곳에 가서 부열을 데리고 와서 재상으로 삼았다고 합니다. 고종이 부열을 발탁한 후에 재상으로서 국정을 잘 다스려야 한다고 당부하면서 다음과 같이 말했다는 대목이 《서경》〈열명說命〉에 보입니다.

만약 술을 만들려 한다면 그대가 누룩이 되어야 할 것이고,
국에 간을 맞추려 한다면 그대가 소금과 매실이 되리라.
若作酒醴, 爾惟麴蘗, 若作和羹, 爾惟鹽梅

마지막의 '준예밀물俊乂密勿, 다사식녕多士寔寧'은 여상부터 부열까지 중국에 훌륭한 재상이 많았음을 일컬으면서 마무리하는 문장입니다.

《시경》〈대아大雅 · 문왕文王〉에서 "많고 많은 선비여, 문왕이 그들 덕에 편안하도다[濟濟多士, 文王以寧]"라고 한 구절이 있는데, 바로 이처럼 훌륭한 선비가 많았음을 표현한 말입니다.

晉楚更霸 趙魏困橫

진나라 진 초나라 초 다시 갱 으뜸 패　　나라 조 나라 위 곤할 곤 가로 횡

진晉 나라와 초나라가 번갈아 패권을 잡았고,
조나라와 위나라가 연횡에 곤궁해졌다.

假途滅虢 踐土會盟

빌릴 가 길 도 멸할 멸 나라 괵　　밟을 천 흙 토 모일 회 맹세 맹

진헌공晉獻公은 우虞 나라에 길을 빌려 괵虢 나라를 멸했고,
진문공晉文公은 제후들과 천토에서 회맹했다.

何遵約法 韓弊煩刑

어찌 하 좇을 준 요약할 약 법 법　　나라 한 해질 폐 번거로울 번 형벌 형

한나라 소하蕭何 는 간소한 법을 좇아 시행했고,
진秦 나라 한비韓非 는 자질구레한 형벌로 피폐했다.

起翦頗牧 用軍最精

일어날 기 자를 전 자못 파 칠 목　　쓸 용 군사 군 가장 최 정할 정

진秦 나라의 백기白起와 왕전王翦,
조趙 나라의 염파廉頗 와 이목李牧 은
군대를 운용함에 가장 정묘했다.

宣威沙漠 馳譽丹靑

베풀 선 위엄 위 모래 사 아득할 막   달릴 치 기릴 예 붉을 단 푸를 청

위무를 사막에 선양하고,
명예를 단청에 드날렸다.

更 다시 갱

'다시', '고치다' 등의 뜻을 가지고 있다. '고치다'의 의미로 쓰일 때는
'경'으로 읽고 '다시'라는 의미로 쓰일 때는 '갱'으로 읽는다. 종전의 기
록을 깨뜨렸다는 의미로 쓰일 때는 '기록을 경신하다'라고 하지만, 면허
나 자격, 계약 등을 다시 새롭게 체결할 경우에는 '면허를 갱신하다'라고
표현한다.

霸 으뜸 패

여러 제후국 중 우두머리가 되었음을 가리킨다.

踐土 밟을 천 | 흙 토

춘추시대 정鄭나라에 속해 있던 옛 땅의 이름이다.

何 어찌 하

한나라의 명재상 소하蕭何를 가리킨다. 유방劉邦을 도와 천하를 통일하고 법을 제정하여 백성을 너그럽게 다스렸다.

韓 나라 한

전국시대 말기의 정치사상가인 한비韓非를 가리킨다. 법가法家의 사상을 집대성했다.

起 일어날 기

전국시대 진나라 명장인 백기白起를 가리킨다.

翦 자를 전

진시황 때의 장수 왕전王翦을 가리킨다. 조趙나라, 연燕나라, 초楚나라를 공격하여 큰 공을 세웠다.

頗 자못 파

전국시대 조나라 장수 염파廉頗를 가리킨다. 여러 전쟁에서 공을 세운 명장이다.

牧 칠 목

전국시대 조나라 장수 이목李牧을 가리킨다. 흉노족을 잘 방비하여 10년 동안 흉노족이 변방을 침입하지 못했다.

沙漠 모래 사 ㅣ 아득할 막

북방의 변두리에 유목민이 거주하는 지역을 가리킨다.

馳 달릴 치

말이 매우 빠르게 달려 뛰어오르는 모습을 나타낸 글자로, 여기서는 '(명예를)드날리다', '전파하다'의 의미로 쓰였다.

丹靑 붉을 단 ㅣ 푸를 청

단丹은 단사丹砂이고, 청靑은 청확靑雘으로, 모두 그림에 사용되는 안료顔料를 가리킨다. 후에 뜻이 확대되어 그림을 의미하게 되었다. 여기서는 공신功臣의 초상화를 뜻한다.

백전백승의 장수들이 나라를 굳게 지키니
오랑캐들이 덤비지 못하여 백성들이 평안하다.

춘추전국시대의 혼란했던 상황과 치열했던 패권 다툼, 여러 술책에 현능했던 신하에 관해 서술한 단락입니다. 당시 최강국이던 진나라를 둘러싸고 동쪽의 조趙, 위魏, 한韓, 연燕, 제齊, 초楚 등 6개국은 각기 합종책合縱策과 연횡책連橫策의 갈림길에 있었습니다.

합종책은 소진蘇秦이 주장한 것으로 여섯 나라가 종縱으로 연합하여 서쪽에 있는 진秦나라에 대항하자는 것이고, 연횡책은 장의張儀가 주장한 것으로 서쪽의 진나라와 동서로 연합하여 진나라를 섬겨야 한다는 것입니다.

결국 장의의 설득으로 진나라는 6개국과 개별적으로 횡적 동맹을 맺는 데 성공했습니다. 그러나 진나라는 그 후로 6개국을 차례로 멸망시켜 중국을 통일했습니다.

'가도멸괵假途滅虢, 천토회맹踐土會盟'은 각기 진晉나라 헌공獻公과 문공文公에 관한 이야기입니다. 진헌공은 진나라의 21대 군주로 성은 희姬이고, 이름은 궤제詭諸입니다. 진나라가 괵虢나라를 치기 위해 우虞나라에 길을 빌려 달라고 요청하자, 우나라의 현신賢臣 궁지기宮之奇가 이렇게 말했습니다.

덧방나무와 수레의 몸은 서로 의지하고 있는데,
입술이 없어지면 이가 시리게 됩니다.
輔車相依, 脣亡齒寒

우나라와 괵나라의 관계에 대해 서로 없어서는 안 될 존재임을 피력하며 절대 길을 빌려주어선 안 된다고 간언했습니다. 그러나 임금은 끝내 그의 말을 들어주지 않았습니다. 궁지기는 결국 우나라를 떠나면서 진나라에 의해 우나라까지 망하게 될 것임을 예언했습니다. 과연 그의 말대로 되었다는 고사가 《좌전左傳》〈희공僖公〉조에 보입니다.

진문공은 진나라의 22대 군주로 앞서 나온 진헌공의 아들입니다. 그는 진나라, 제나라, 송나라, 채나라, 정나라, 위나라, 거莒나라 등의 제후들을 모아 천토에서 회맹하며 주周나라의 천자를 공경하고 조공할 것을 맹세했습니다. 그 결과 춘추시대의 두 번째 패업霸業을 이룩할 수 있었던 것입니다. 이 역시 《좌전》〈희공〉조에 보이는 고사입니다.

소하와 한비는 법률 제정과 형벌에 관련하여 상반된 평가를 받은 인물입니다. 소하는 한고조漢高祖 유방을 도와 진나라를 멸하고 천하를 평정하는 데 힘썼던 장량張良, 한신韓信과 더불어 '삼걸三傑'로 불리는 인물입니다. 진나라는 법제가 무척 까다롭고 형벌이 무거워 백성들이 매우 힘들어했기에, 한고조 유방은 백성과 약속했습니다.

법은 3장으로 줄이겠으니, 사람을 죽인 자는 사형에 처하며 남에게 상해를 입힌 자와 도둑질한 자에 대해서는 그 범죄 정도와 상응하는 처벌을 한다.
法三章耳, 殺人者死, 傷人及盜抵罪

이에 백성이 크게 기뻐했다고 하니, 간결한 법 제정으로 백성의 부담을 덜어준 것입니다. 이 일은 《사기》〈고조본기高祖本紀〉에 자세히 나와 있습니다.

반면에 한비는 법치주의를 주장하며 강력한 법과 가혹한 형벌로 백성을 다스려야 한다고 생각했습니다. 그는 형벌의 이름과 방법을 논한 책 《한비자韓非子》를 지었는데, 이 책에서 법과 술책은 사람에게 음식과 같은 것이라서 이것이 없이는 살아갈 수 없다고 말했습니다. 이에 반해 《논어》 〈위정爲政〉에서 공자는 법치보다는 덕치의 중요성을 강조하며 한비와는 상반된 생각을 피력합니다.

> 정치와 법률로써 인도하고 형벌로써 다스리면
> 백성은 형벌을 면하려고만 하고 부끄러운 줄은 모른다.
> 道之以政, 齊之以刑, 民免而無恥

백기와 왕전, 염파, 이목은 모두 용병술에 뛰어나 여러 전쟁에서 공을 쌓은 명장입니다. 백기는 초나라를 정벌한 공으로 무안군武安君에 봉해졌습니다. 전쟁에 이겨 취한 성이 모두 70여 곳이나 되며, 조나라를 격파하고 항복한 병졸 40만 명을 생매장했으니 그의 위세가 실로 대단했습니다.

왕전 또한 백기와 함께 진시황 때의 이름난 장수입니다. 진시황이 장군인 이신李信을 불러 초나라를 정벌하기 위해 필요한 군사가 몇 명이냐고 묻자 이신은 20만 명이면 충분하다고 대답했습니다.

반면에 왕전에게 묻자, 60만 명은 있어야 초나라를 물리칠 수 있다고 대답했습니다. 진시황은 이신의 말을 더욱 신임하고는 그를 출전시켰다가 참패를 당했습니다.

진시황은 그제서야 비로소 왕전의 주장대로 60만의 군사를 내어 주었고, 왕전이 출전하여 초나라를 정벌했습니다. 백기와 왕전에 관한 이야기는 《사기》〈백기왕전열전白起王翦列傳〉에 자세히 나와 있습니다.

염파와 이목은 모두 전국시대 조나라의 명장으로, 문무의 재주를 겸비했습니다. 그리하여 염파가 장수로 있을 때는 강성했던 진나라조차도 감히 덤비지 못했으며, 이목이 흉노족을 방비하고 있을 때에는 오랑캐들이 함부로 남쪽으로 내려오지 못했다고 합니다.

특히 이목은 병사들에게 인심을 후하게 쓴 것으로 유명한데, 그는 지상의 조세를 모두 막부幕府로 들여와 군사 비용으로 사용했으며 날마다 소 몇 마리를 잡아 군사들에게 먹이고 활쏘기와 말타기를 익히게 했다고 합니다.

이 무렵 전한前漢의 문제文帝는 자주 침략하는 흉노족 때문에 애를 태우고 있었는데, 마침 조나라의 염파와 이목이 군을 잘 통솔했다는 말을 듣고는 허벅다리를 치며 "내가 만일 염파와 이목 같은 장수를 얻어 임명한다면 어찌 흉노를 걱정하겠는가?"라고 말했다고 하니, 이들의 명성이 대단했음을 알 수 있습니다.

이러한 위엄을 변방 지역에도 널리 알리고 공신들의 초상화를 그려 명예를 드날리니, 이는 그들의 공적을 더 많은 사람에게 알리고 후손으로 하여금 잊지 않도록 하기 위해서입니다. 곧 앞 단락의 '공훈을 책록하고 실적을 성대하게 포상하며, 비석을 만들고 명문銘文을 새긴다[策功茂實, 勒碑刻銘]'는 문장과 동일한 맥락이라고 할 수 있습니다.

九州禹跡 百郡秦幷

아홉 구　고을 주　임금 우　자취 적　　일백 백　고을 군　나라 진　아우를 병

아홉 개의 주는 우왕禹王의 발자취이고,
일백 개 군은 진나라가 병합했다.

嶽宗恒岱 禪主云亭

산마루 악　마루 종　항상 항　뫼 대　　터 닦을 선　주인 주　이를 운　정자 정

오악은 항산과 태산을 종주로 하고,
봉선封禪은 태산 아래 운운산云云山과 정정산亭亭山에서 했다.

雁門紫塞 鷄田赤城

기러기 안　문 문　붉을 자　변방 새　　닭 계　밭 전　붉을 적　성 성

안문雁門과 자새紫塞요,
계전鷄田과 적성赤城이다.

昆池碣石 鉅野洞庭

맏 곤　못 지　돌 갈　돌 석　　클 거　들 야　고을 동　뜰 정

곤지昆池와 갈석碣石이요,
거야鉅野와 동정洞庭이다.

曠遠綿邈　巖岫杳冥

빌 광　멀 원　이을 면　멀 막　　　바위 암　묏부리 수　아득할 묘　어두울 명

광원하고 드넓으며
바위와 산봉우리가 아득하고 어두침침하다.

九州 아홉 구 │ 고을 주

중국을 아홉 개의 주州로 나눈 것으로 기冀, 예豫, 청靑, 서徐, 양揚, 형荊,
연兗, 양梁, 옹雍이다.

禹 임금 우

하夏나라의 시조인 우왕을 가리킨다. 성은 사姒, 이름은 문명文命이다. 대
우大禹, 하우夏禹 등으로도 부른다.

嶽 산마루 악

중국의 다섯 가지 명산名山인 오악五嶽을 가리킨다. 오악은 태산泰山, 숭
산嵩山, 형산衡山, 화산華山, 항산恒山을 말하는데 '천지天地'를 뜻하는 말로
쓰인다.

恒岱 항상 항 | 뫼 대

오악 중 항산과 태산으로, 대岱는 곧 태산泰山을 가리킨다.

禪 터 닦을 선

봉선封禪을 의미한다. 봉封은 하늘에 제사 지내는 것이고, 선禪은 땅에 제사 지내는 것이다.

云亭 이를 운 | 정자 정

운운산云云山과 정정산亭亭山을 줄여서 부른 것이다. 이 산들은 태산泰山의 남쪽 기슭에 있는데 서쪽에 운운산이, 동쪽에 정정산이 있다.

雁門 기러기 안 | 문 문

중국 산시성[山西省] 대현代縣에 있는 곳으로 주변 이민족과 접한 지역이다. 대현의 서북쪽에는 안문산이 있는데, 꼭대기에 안문관雁門關이 있다.

紫塞 붉을 자 | 변방 새

만리장성의 다른 이름으로, 만리장성의 흙이 자주색이기 때문에 생긴 명칭이다. 진晉나라의 최표崔豹가 여러 명물名物을 고증하여 엮은 책인《고금주古今注》의 〈도읍都邑〉 조에 의하면, 진나라가 장성을 쌓은 곳은 흙빛이 모두 붉었다고 한다. 여기서는 중국 대륙의 변방을 뜻한다.

鷄田 닭계 ㅣ 밭전

고대 서북쪽 변방의 지명으로, 지방과 중앙의 연락이나 명령을 위해 설
치된 기관인 역참驛站이 있는 곳이다.

赤城 붉을 적 ㅣ 성 성

중국 저장성[浙江省] 천태현天台縣에 있는 산.

昆池 맏곤 ㅣ 못지

중국 장안長安의 서남쪽 윈난성[雲南省]에 있는 곤명지昆明池를 가리킨다.

碣石 돌갈 ㅣ 돌석

허베이성[河北城] 창려현昌黎縣 북쪽에 위치한 산으로 동쪽 바다에 접해
있다. 역대 제왕이 순행하던 곳이다.

鉅野 클거 ㅣ 들야

중국 산둥성[山東省]에 있는 넓은 못인 거야택鉅野澤을 가리킨다. 거야택巨
野澤, 또는 대야택大野澤이라고도 한다.

洞庭 고을 동 ㅣ 뜰정

중국에서 가장 큰 호수로, 후난성[湖南省] 북부와 장강長江 남쪽에 위치한다.

綿邈 이을 면 · 멀 막

면綿은 '계속해서 이어진다'는 뜻이고, 막邈은 '아득히 멀다'는 의미로 두 글자가 합해져 넓고 아득함을 말한다. 앞의 광원曠遠과 비슷한 의미이다.

杳冥 아득할 묘 · 어두울 명

'어두침침하고 아득하다'는 뜻이다. 중국 후한後漢 때 문인 장형張衡의 〈서경부西京賦〉를 보면 '운무묘명雲霧杳冥'이란 구절이 있는데, '묘명杳冥'에 대해 당唐나라 학자인 여연제呂延濟는 '어두운 모양[陰暗貌]'이라고 주석했다.

훌륭한 군주와 탁월한 신하들이 공적을 쌓아
문명의 발전을 이루고 백성들이 편안하다.

중국의 중앙부에서 변방에 이르기까지 그 광활하고도 심원한 지형과 지세에 대해 서술한 단락입니다. '구주우적九州禹跡'은 우임금이 아홉 개의 주를 구분하고, 그의 발자취가 중국 곳곳에 두루 미치었음을 말하는 것입니다.

　요堯임금 시절 우임금은 구주九州의 홍수를 다스리기 위해 천하를 두루 돌아다녔다고 합니다. '백군진병百郡秦幷'은 진시황 때 진나라가 여섯 개의 나라를 통일한 후, 봉건제도를 폐지하고 군현郡縣을 고쳐 전국을 36개의 군으로 나누었다가 한나라 때 다시 행정구역을 고쳐 103개의 군으로 나눈 것을 말합니다.

다음으로 중국의 저명한 산과 봉선封禪 의식에 대해 서술합니다. 중국의 다섯 명산을 오악五嶽이라고 부르는데, 오악 중 태산을 가장 으뜸으로 여깁니다. 그리하여 태산은 여러 문장에서 높고 쭉 뻗은 모습을 비유하는 표현에 자주 쓰입니다.

'지음知音'이라는 고사로 유명한 백아와 종자기의 이야기인데 백아가 일찍이 높은 산을 마음에 두고 거문고를 연주하자 종자기가 "훌륭하도다, 높고 험준한 것이 마치 태산 같구나[善哉, 峩峩兮若泰山]"라고 말했다고 합니다.

운운산과 정정산은 태산 부근의 작은 산인데, 이곳에서 황제가 봉선 의식을 행했습니다. 봉선 의식이란 고대의 제왕이 하늘과 땅에 제사 지내던 큰 의식을 말합니다.

진시황이 어느 날 태산에 봉선 의식을 행하러 갔다가 내려오는 길에 갑자기 비바람을 만나 소나무 아래로 몸을 피했습니다. 그 후로 그 소나무가 공이 있다 하여 다섯 그루의 소나무를 대부大夫로 봉封했다는 재미있는 고사도 전해지고 있습니다. 그리하여 후대에 '오대부五大夫'라는 말은 소나무의 별칭으로 쓰이기도 합니다.

다음에 나오는 안문雁門, 자새紫塞, 계전鷄田, 적성赤城은 모두 중국의 주요 요새를 나열한 것입니다. 안문은 안문산 꼭대기에 있는 관문인 안문관雁門關을, 자새는 만리장성을, 계전은 서북쪽의 변방 요새를, 적성은 적성산을 가리킵니다.

 적성산은 도교의 전설에도 나와 선경仙境이 있다고 일컬어집니다. 진晉나라 손작孫綽이 적성산에서 은거 생활을 즐기면서 〈유천태산부遊天台山賦〉를 지어 "적성산에 연하煙霞가 일어나 절로 표지를 세운다[赤城霞起而建標]"고 했습니다. 이처럼 적성산은 후대에 은거지를 비유하는 말로도 자주 사용되고 있습니다.

 곤지昆池, 갈석碣石, 거야鉅野, 동정洞庭 또한 중국의 유명한 못과 산, 호수를 나열한 것입니다. 곤지는 윈난성에 있는 곤명지昆明池로, 산시성[陝西省] 장안현長安縣 서남쪽에도 또한 곤명지가 있습니다.

 한 무제가 여기서 군사들로 하여금 수전水戰을 익히게 했다고 합니다. 산시성의 곤명지는 곧 윈남성의 곤명지를 본따서 만든 것입니다. 갈석은 산 이름으로, 《서경》〈우공禹貢〉에서, "오른쪽으로 갈석산을 끼고 황하로 들어간다[夾右碣石, 入于河]"고 한 구절이 있으며, 조조의 〈관창해觀滄海〉라는 시에도 "동으로 갈석산 올라 푸른 바다를 바라보니[東臨碣石, 以觀滄海]"라고 한 구절이 보입니다.

 마지막의 '광원면막曠遠綿邈, 암수묘명巖岫杳冥'은 중국의 전체 지형과 오악을 비롯한 명산, 안문을 비롯한 주요 변방 지역과 갈석산, 동정호 등의 유명지를 모두 아울러 서술한 문장으로 중국의 심후하고도 오묘한 지형을 요약하여 나타낸 말입니다.

 여기까지가 천자문을 크게 네 부분으로 나누었을 때 세 번째 내용에 해당하는 단락입니다. 이 단락은 도읍의 선정에서부터 정치문화와 제도, 인재의 성대함과 태평성대의 시대, 공신의 눈부신 업적, 중국의 심원한 지형 등에 대해 말했습니다.

이 단락의 요지는 훌륭한 군주와 현명한 재상들이 공적을 쌓아 태평한 시대를 이룩하게 되었으며, 문명의 발전을 이루게 되었다는 것입니다. 이는 천자문의 앞부분에서 나온 "덕화가 풀과 나무까지 입혀지고 힘입음이 만방에 미친다[化被草木, 賴及萬方]"는 구절과 그 의미가 일맥상통한다고 볼 수 있습니다.

4장

인간의 도리, 그리고 행복

농사가 나라를 다스리는 근본이니
심고 거두는 일에 힘쓴다

治本於農　務玆稼穡

다스릴 치　근본 본　어조사 어　농사 농　　힘쓸 무　이 자　심을 가　거둘 색

나라를 다스림은 농사를 근본으로 하니
심고 거두는 일에 힘쓰게 한다.

俶載南畝　我藝黍稷

비로소 숙　실을 재　남녘 남　이랑 무　　나 아　심을 예　기장 서　피 직

비로소 남쪽 이랑에서 일을 하고,
우리의 기장과 피를 심었다.

稅熟貢新　勸賞黜陟

거둘 세　익을 숙　바칠 공　새 신　　권할 권　상줄 상　물리칠 출　오를 척

익은 곡식에 세금을 부과하고 새로운 토산물을 바치며
상을 주어 권면하고 관직을 빼앗거나 올려주기도 한다.

玆 이 자

이에. '차此'와 같은 의미의 대명사이다.

稼穡 심을 가 ㅣ 거둘 색

가稼는 씨를 뿌리고 심는다는 뜻, 색穡은 곡물을 수확한다는 의미이다.

俶 비로소 숙

비로소. 시작의 의미를 가진 글자이다.

載 실을 재

일, 사업의 의미로 쓰였다.

南畝 남녘 남 ㅣ 이랑 무

농작물이 잘 자라는 양지바른 농토를 말한다.

黜陟 물리칠 출 ㅣ 오를 척

출黜은 '물러날 퇴退', 척陟은 '나아갈 진進'의 의미로 관직을 빼앗아 내쫓
거나 혹은 올려주는 것을 말한다. 즉, 무능한 사람을 물리치고 유능한 사
람을 등용함을 의미한다.

나라를 다스림은 농사를 근본으로 하니
백성들로 하여금 심고 거두는 일에 힘쓰게 한다.

농사일을 주업으로 하던 농경 시대의 중국의 모습을 서술한 단락
입니다. 이때의 농업은 나라를 다스리는 기본 사업이었으므로 국

가에서는 백성에게 씨를 뿌리고, 심고, 수확하는 '가색稼穡'에 힘 쓰도록 권면하고 장려했습니다.《맹자》〈등문공 상〉을 보면, 이런 구절이 나옵니다.

후직后稷이 백성에게 농사짓는 법을 가르쳐
오곡을 심고 기르게 하니 오곡이 자라고 백성이 길러졌다.
后稷教民稼穡, 樹藝五穀, 五穀熟而民人育

후직은 주周나라의 시조이자 농경의 신으로, 백성들에게 농사 일에 대해 가르쳤기에 채취와 수렵의 생활에서 본격적으로 농업의 시대가 열린 것입니다.《시경》〈벌단伐檀〉에 "심지 않고 수확하지 않으면, 어떻게 벼 삼백 다발을 수확할 수 있겠는가[不稼不穡, 胡取禾三百廛兮]"라고 한 구절에서 부지런히 힘써 농사일에 종사했던 백성의 모습을 볼 수 있습니다.

'숙재남무俶載南畝, 아예서직我藝黍稷'은《시경》에서 나온 것입니다.〈대전大田〉을 보면, "나의 날카로운 보습으로 남녘 두렁에 일을 시작하여 백곡의 씨를 뿌린다[以我覃耜, 俶載南畝, 播厥百穀]"라는 말이 나옵니다. 숙재俶載는 '어떤 일을 시작한다'는 뜻인데, 이 시로 인해 '농사일을 시작한다'는 의미로 자주 쓰이게 되었습니다.

한편〈초자楚茨〉에서는 "빽빽하고 무성한 찔레꽃, 그 가시덤불을 제거하네. 예로부터 이르기를 기장을 심기 위해서라네[楚楚者茨, 言抽其棘, 自昔何爲, 我藝黍稷]"라고 했습니다.

서직黍稷은 다섯 가지 중요한 곡물인 오곡五穀 가운데 하나인 기장을 말합니다. 우리가 흔히 말하는 오곡은 쌀, 보리, 조, 콩, 기장을 말하는데, 나아가 모든 곡식을 가리키는 말로 사용하기도 합니다. 서직은 제사를 지낼 때 올리는 곡식으로, 예로부터 중요시되어 왔습니다.

세숙稅熟은 익은 곡식에 세금을 부과한다는 말로, 국가에서 징수하는 세금을 내는 것은 백성의 의무사항입니다. 공신貢新은 새로 나온 산물을 바친다는 의미로, 이는 예전에 속국에서 제후국에 토산물을 바치던 문화에서 유래된 것입니다.

출척黜陟은 인재가 관직에 나아가거나 물러나 은거하는 것, 또는 관직을 올려주거나 낮추어 쫓아내는 것을 의미합니다. 관리들의 업적에 따라 능력이 있는 자는 승진시켜 주고, 무능한 관리는 관직을 강등하는 것으로 성과 중심의 인사 평가 제도라 할 수 있습니다.

《서경》〈순전舜典〉을 보면 "삼 년에 한 번씩 업적을 살펴보고, 세 번 심사숙고한 다음 무능한 자를 내치고 현명한 자를 승진시키니 여러 공적이 다 밝혀졌다[三載考績, 三考黜陟幽明, 庶績咸熙]"고 한 구절이 있어 이를 알 수 있습니다.

孟軻敦素　史魚秉直

맏 맹　수레 가　도타울 돈　흴 소　　역사 사　물고기 어　잡을 병　곧을 직

맹가孟軻는 본바탕을 돈독하게 닦았으며,
사어史魚는 곧음을 견지했다.

庶幾中庸　勞謙謹勅

무리 서　거의 기　가운데 중　떳떳할 용　　힘쓸 로　겸손할 겸　삼갈 근　경계할 칙

거의 중용에 이르려면
부지런하고 겸손하고 삼가고 경계해야 한다.

聆音察理　鑑貌辨色

들을 영　소리 음　살필 찰　이치 리　　거울 감　모양 모　분변할 변　빛 색

소리를 듣고 이치를 살피며,
모습을 보고 기색을 분변한다.

貽厥嘉猷　勉其祗植

끼칠 이　그 궐　아름다울 가　꾀 유　　힘쓸 면　그 기　공경할 지　심을 식

그 아름다운 계책을 끼쳐주니
그것을 삼가 곧게 하기를 힘써야 한다..

孟軻 맏 맹 | 수레 가

맹자孟子를 가리킨다. 성이 맹孟이고, 가軻는 이름이다. 추鄒나라 사람으로, 공자의 손자인 자사子思의 제자에게 유교 사상을 습득했다.

素 흴 소

질박質樸하여 꾸민 곳이 없다는 뜻으로, 본바탕을 의미한다.

史魚 역사 사 | 물고기 어

춘추시대 위나라의 대부로, 이름은 추鰌이다.

庶幾 무리 서 | 거의 기

'거의 ~에 가깝다'는 뜻이다.

中庸 가운데 중 | 떳떳할 용

어느 한쪽으로 치우치거나 기울어짐이 없는 '불편불의不偏不倚', 지나치거나 모자람이 없는 '무과불급無過不及'의 상태를 말한다.

謹勅 삼갈 근 | 경계할 칙

삼가 자신을 경계한다는 의미이다.

色 빛 색

안색顔色, 기색氣色 등의 의미로 쓰였다.

貽 끼칠 이

오래도록 전한다는 뜻이다.

厥 그 궐

그, 그것. '기其'와 같은 의미로, 모두 대명사이다.

猷 꾀 유

계책. 계획을 말한다.

植 심을 식

본래 '심다', '세우다' 등의 의미를 가진 글자인데, 여기서는 '곧을 직直'
의 뜻과 통한다.

마음을 닦고 행동을 바로잡기 위해서는
삼가고 경계하며, 노력하고 겸손해야 한다.

유가에서 중시하는 여러 관념 및 다른 사람을 대하는 도리와 스
스로 자처하는 행동 방식 등에 대해 서술한 단락입니다. 맹자는
전국시대의 유교 사상가로, 공자의 손자인 자사의 문하에서 학습
했습니다.

　그렇기에 맹자는 공자의 사상에 대해 매우 상세하게 전해들은
사람 중 한 명으로, 성인인 공자에 버금간다고 하여 '아성亞聖'이

라고 일컬어집니다. '맹가돈소孟軻敦素'는 맹자가 공자의 사상을 이어받아 정통 유가 사상의 바탕을 닦은 것을 말하는 것입니다. 소素는 본래 '희다'라는 뜻으로, 아무런 꾸밈을 하지 않은 질박한 상태를 의미합니다.

《논어》〈팔일八佾〉에 "그림을 그리는 일은 바탕을 희게 칠한 다음의 일이다[繪事後素]"라는 말이 있는데, 이는 먼저 아름다운 바탕을 갖춘 뒤에 수식을 더해야 한다는 의미입니다. 예禮를 배우기 전에 그 바탕이 되는 덕행을 먼저 갖추어야 한다는 뜻으로, 본바탕을 제대로 갖춰야 함을 강조한 말입니다.

사어史魚는 춘추시대 위衛나라의 대부로, 죽은 뒤에 임금에게 시체로서 간諫한 것으로 유명한 인물입니다. 사어는 영공靈公에게 미자하彌子瑕 대신 거백옥蘧伯玉을 등용하라고 간했으나 영공이 끝내 듣지 않고 미자하를 등용했습니다. 그는 죽을 무렵에 아들에게 다음과 같이 유언합니다.

"나는 다른 사람의 신하가 되어 현명한 자를 등용하고 어질지 못한 자를 물리치지 못했으니, 죽어서도 정당正堂에서 상을 치를 수 없다. 측실側室에서 나의 상을 치르도록 하여라."

영공이 문상을 와서 아들에게 이유를 묻자, 아들이 사어의 말을 전했습니다. 그러자 영공은 마침내 거백옥을 등용하고 미자하를 물리쳤다고 합니다. 죽음을 맞이하는 순간에도 왕에게 간언할 생각을 했으니 이를 두고 '시체로 간언했다'하여 시간尸諫이라고 부릅니다. 임금을 향한 간절한 충심이 느껴지는 이야기로, 이 고사는《공자가어孔子家語》〈곤서困誓〉에서 자세히 볼 수 있습니다.

중용은 어느 한 곳에 치우치지 않고 중심을 잘 잡은 상태를 의미합니다. 송나라의 유학자인 정이천程伊川은 중용에 대해 "치우치지 않음을 중中이라 하고, 바뀌지 않음을 용庸이라 하니, 중은 천하의 올바른 도이고, 용은 천하의 정해진 이치이다[不偏之謂中, 不易之謂庸, 中者天下之正道, 庸者天下之定理]"라고 했습니다.

여기서의 중용은 곧 중도中道의 의미로 보아야 할 것이며,《서경》〈대우모大禹謨〉에서는 "오직 정밀하게 살피고 뜻을 한결같이 하여야 그 중도를 잡을 수 있다[惟精惟一, 允執厥中]"고 했습니다.

노勞, 겸謙, 근謹, 칙勅은 각기 노력, 겸손, 삼가함, 경계의 의미로 자신의 마음을 닦고 행동을 바로잡기 위해 반드시 지녀야 할 마음가짐이라 할 수 있습니다. 노겸勞謙은 《주역》〈겸괘謙卦〉에 나오는 말로, "노력하고 겸양할지어니, 군자는 유종의 미를 거두어 길하다[勞謙, 君子有終, 吉]"는 괘사에 보입니다.

'영음찰리聆音察理'와 '감모변색鑑貌辨色'은 소리를 잘 듣고 모습을 잘 살펴서 항상 주의를 잘 기울여야 함을 말한 문장입니다. 공자께서는《논어》〈안연〉에서, 남의 말과 안색을 잘 살피는 사람

[察言而觀色]은 나라에서나 집안에서나 반드시 통달하게 될 것이라고 말했습니다.

눈과 귀가 다른 사람에 비해 밝은 총명한 사람이 되어서 이치를 살피고 기색을 분변해야 하니, 그저 눈치로 잘 듣기만 하고 잘 보기만 하는 데에 그쳐서는 안 된다는 가르침입니다.

《대학大學》에서 "마음을 여기에 두지 않으면, 보아도 보이지 않고 들어도 들리지 않는다[心不在焉, 視而不見, 聽而不聞]"고 했듯이, 다른 사람의 말을 잘 듣고 그 말의 시비를 가리며 다른 사람의 모습을 보고 도리에 알맞은지 살펴야 합니다.

이궐貽厥은 《서경》〈오자지가五子之歌〉의 "전장과 법도 세워 자손에게 남기셨네[有典有則, 貽厥子孫]"라는 말이나 《시경》〈문왕유성文王有聲〉에 "후손에게 계책 남겨 아들을 편안하게 하시다[貽厥孫謀, 以燕翼]"라고 한 말에서 볼 수 있듯이, '~에게 남겨주다'의 의미를 가지고 있습니다.

가유嘉猷는 나라를 다스릴 좋은 계책을 의미하니, '이궐가유貽厥嘉猷'는 곧 후손들에게 아름다운 계책을 남겨 주었다는 말입니다. 그리고 '면기지식免其祗植'은 선조들에게 아름다운 계책을 물려받은 후손들의 자세에 대한 말로, 공경히 이를 받들고 올바른 도리를 행하려고 힘써야 함을 말한 것입니다.

'식植'은 본래 나무 등을 심는다는 의미를 가지는 글자인데, 뜻이 확대되어 나무가 바르게 서서 기울어지지 않는 것처럼 사람이 곧은 인격을 수립한다는 의미를 가지게 되었습니다. 여기에서도 선조들에게 물려받은 계책을 공경히 마음속에 심어서 곧고 바른 인격을 수립해야 함을 말하는 것입니다.

省躬譏誡　寵增抗極

살필 성　몸 궁　나무랄 기　경계할 계　　은혜 총　더할 증　겨룰 항　다할 극

몸을 반성하여 살피고 경계하며
은총이 더해지면 극에 다다름을 우려해야 한다.

殆辱近恥　林皋幸卽

위태할 태　욕될 욕　가까울 근　부끄러울 치　　수풀 림　언덕 고　다행 행　나아갈 즉

위태로움과 욕을 당하여 치욕에 가까울 것이니
자연으로 나아가야 한다.

兩疏見機　解組誰逼

두 량　성 소　볼 견　틀 기　　풀 해　끈 조　누구 수　핍박할 핍

소광疏廣과 소수疏受는 기미를 보았으니
인끈 풀고 떠나감을 어느 누가 핍박하겠는가?

索居閑處　沈默寂寥

쓸쓸할 색　살 거　한가할 한　곳 처　　잠길 침　잠잠할 묵　고요할 적　고요할 료

한적한 곳에 홀로 거처하며
침묵을 지키고 고요하게 산다.

求古尋論 散慮逍遙

구할구 옛고 찾을심 의논할론　흩어질산 생각려 노닐소 멀요

옛 것을 구하여 찾고 의논하며
잡념을 흩어버리고 소요자적 逍遙自適 한다.

欣奏累遣 慼謝歡招

기쁠흔 아뢸주 폐 끼칠루 보낼견　슬플척 물러갈사 기쁠환 부를초

좋은 일로 나아가고 나쁜 일은 떠나보내면
슬픔이 떠나가고 기쁨이 찾아올 것이다.

躬 몸 궁

자기 자신을 의미한다.

譏 나무랄 기

'조롱하다', '비방하다' 등의 뜻으로 주로 쓰이는데 여기서는 기찰譏察의
의미로 쓰였다. 즉, 행동을 넌지시 살핀다는 뜻이다.

抗 겨룰 항

'항亢'자와 같은 뜻으로 '높다', '극진히 하다'의 의미로 쓰였다.

林皐 수풀 림 | 언덕 고

수풀과 언덕, 즉 자연을 의미한다.

兩疏 두 량 | 성 소

한나라 선제宣帝 때의 명신인 소광疏廣과 그의 조카 소수疏受를 합하여 말한 것이다.

機 틀 기

'기幾'와 같은 의미로 쓰여 조짐, 징조 등을 의미한다.

索 쓸쓸할 삭

이 글자는 음이 크게 두 가지 있는데 '찾다', '구하다'의 의미로 쓰일 때는 '색'이라고 발음하고, '동아줄', '쓸쓸하다'의 의미로 쓰일 때는 '삭'이라고 발음한다. 여기서는 '쓸쓸하다'의 의미로 쓰여 '삭'이라고 발음한다.

慮 생각 려

우려, 걱정 등 쓸데없는 잡념을 의미한다.

逍遙 노닐 소 | 멀 요

이리저리 거닐며 돌아다니는 것을 의미한다.《장자莊子》〈소요유逍遙遊〉에서 나온 말로, 모든 사물에 구애됨 없이 마음대로 유유자적함을 말한다.

奏 아뢸 주

'진進'이라는 뜻으로, 좋은 일을 향하여 나아간다는 의미로 사용되었다.

累 폐 끼칠 루

마음이 시달려 괴로운 번뇌煩惱의 의미로 쓰였다.

遣 보낼 견

몰아서 멀리 떠나보낸다는 뜻이다.

謝 물러갈 사

'물러나다', '없어지다'는 뜻이다.

마땅히 그쳐야 할 것을 알고 만족할 줄 알면
자연히 치욕과 위태로움에서 멀어질 것이다.

위 단락에 이어 올바른 처세의 방향에 대해 서술하고 있습니다.
'성궁기계省躬譏誡'는 다른 사람의 행동을 통해 내 자신을 돌이켜
보고 항상 경계해야 한다는 말입니다. 《논어》〈이인〉을 보면 다음
과 같은 대목이 나옵니다.

어진 사람을 보거든 그와 비슷해지기를 생각하고,

어질지 못한 사람을 보거든 스스로 반성해야 한다.

見賢思齊焉, 見不賢而內自省也

'총증항극寵增抗極'은 《주역》의 핵심 원리를 드러낸 말로 〈건괘〉의 '항룡유회亢龍有悔'와 같은 의미입니다. 이것은 "너무 높이 올라간 용은 후회가 있다"는 뜻으로 진퇴에 있어 너무 지나쳐 중도를 잃으면 좋지 않다는 의미입니다.

주역의 괘를 구성하는 6개의 효爻를 보면, 5번째 자리가 가장 높은 군주의 자리이며 6번째 자리는 은퇴 후 물러나는 형상을 보입니다. 즉, 정점에 달하게 되면 반드시 그 후엔 쇠락이 기다리고 있으므로 적당한 수준을 유지하는 것이 좋은 것입니다. 너무 욕심을 부려 최고의 자리로 올라가려다가는 위태로움과 치욕을 당하게 될 것입니다. 《도덕경道德經》 44장에는 이런 구절이 나옵니다.

만족할 줄을 알면 치욕스럽지 않게 되고,

그칠 줄을 알면 위태롭지 않게 된다.

知足不辱, 知止不殆

그런가 하면 《논어》 〈학이〉에는 이런 구절이 나옵니다.

공손함이 예禮에 가까우면 치욕을 면할 수 있다.

恭近於禮, 遠恥辱也

만족할 줄 알고, 그칠 줄을 아는 '지지知止'의 상태, 즉 공손히 예를 행하는 겸손의 상태를 견지한다면 위태로움과 치욕에서 멀어지게 된다는 가르침입니다. 이처럼 관직의 욕심을 버리고 물러날 기미를 살펴 자연으로 돌아간 사람들이 있었으니, 이들은 바로 두 명의 소씨 '소광疏廣'과 '소수疏受'입니다.

소광은 한나라 난릉蘭陵 사람으로, 자는 중옹仲翁입니다. 그는 선제宣帝 때 태자태부太子太傅가 되었고, 사람됨이 청렴한 것으로 유명했습니다. 소수는 소광의 조카입니다.

이들은 관직이 높아지고 명성이 널리 퍼졌으나 그 지위가 분수에 넘친다 생각하여 그만두지 않으면 후회할 일이 생길 것이라 생각했습니다. 그래서 소광은 태자태부가 된 지 5년 만에 사임을 하고 고향으로 돌아갔습니다. 그들은 고향으로 돌아가 평생을 친구와 친지들과 즐겁게 지냈다고 합니다.

해조解組는 '인끈을 풀다'는 의미로, 관직을 사양하고 물러남을 의미합니다. 진晉나라 동진東晉 시기의 시인 도연명陶淵明이 팽택현령으로 있을 때, 고을의 고위 관리를 만나뵈라고 하자 "오두미五斗米를 위하여 구차하게 향리의 소아小兒에게 허리를 굽힐 수 없다"고 말하며 즉시 인끈을 풀고 고향으로 돌아갔다는 고사가 있습니다. 이때 도연명이 고향으로 돌아가며 지은 작품이 바로 유명한 〈귀거래사歸去來辭〉입니다.

《대학》〈경經〉 1장을 보면 다음과 같은 말이 있습니다.

그칠 줄을 안 다음에 뜻이 정해지고,

뜻이 정해진 다음에 마음이 고요해질 수 있다.

知止而后有定, 定而后能靜

주희는 이 문장을 주석하면서, '지止는 마땅히 그쳐야 할 곳이니 바로 지극한 선善이 있는 곳'이라고 했습니다. 그리고 이것을 안다면 뜻이 정定한 방향이 있을 것이라고 풀이했습니다. 마땅히 그쳐야 할 것을 알고 만족할 줄 알면 뜻이 정한 방향이 있을 것이며, 정해진 뜻대로 행동하게 되면 치욕과 위태로움에서 자연스레 멀어진다는 뜻입니다.

다음 문장은 소광과 소수의 이야기와 연결하여 관직을 사양하고 물러나 한가롭게 거처하는 은퇴 후의 생활을 서술하고 있습니다. 삭거素居는 '이군삭거離群素居'의 줄임말로 이는 《예기》 〈단궁상檀弓 上〉에 "내가 벗을 떠나서 혼자 산 지가 오래되었다[吾離群而索居, 亦已久矣]"라고 한 말에서 유래된 것입니다.

이 말은 공자의 제자 자하子夏가 노년에 서하西河 지역에 가서 살다가 아들을 잃고 자책하며 한 말입니다. 《예기》에서의 이 말은 벗을 떠나서 홀로 외롭게 지내는 것을 의미하며, 쓸쓸하고 외로운 심정을 대변하는 표현입니다.

그러나 여기서는 '외롭다', '쓸쓸하다'는 부정적인 이미지보다는 혼잡한 생활을 떠나 홀로 한가롭고, 여유롭게 생활한다는 의미로 쓰였습니다. 이는《맹자》의〈진심 상盡心 上〉에서 선비의 도리에 대해 말하며, "곤궁해지면 자신 하나만이라도 선하게 한다[窮則獨善其身]"는 의미와 통합니다. 즉, 세상이 혼잡하고 떠나야 할 기미가 보일 때는 자연으로 돌아와 한가롭게 지내면서 홀로 선행을하며 고요하게 살 것을 말한 것입니다.

구고심론求古尋論은 옛 성현들의 문장 속에서 사람됨과 처세의도리를 구한다는 말로, 옛것을 충분히 익혀 새로운 것을 안다는'온고이지신溫故而知新'과 일맥상통하는 말입니다.

소요逍遙는 어떤 것에 구애됨이 없이 자유롭게 거닐며 돌아다니는 것을 의미합니다.《장자》〈양왕讓王〉에서 "해가 뜨면 나가서일하고 해가 지면 들어와 쉬면서 천지 사이를 소요하니, 마음과뜻이 매우 만족스럽다[日出而作, 日入而息, 逍遙於天地之間, 而心意自得]"라고 한 데서 나온 말입니다.

'흔주루견欣奏累遣'과 '척사환초戚謝歡招'는 모두 기쁜 일을 맞이하고 슬픈 일은 떠나 보낸다는 의미로, 두 구句의 의미가 중복된 것입니다. 이 문장은 운율을 맞추기 위해 도치되었는데, 현대의 한문 어법에 맞게 한다면 '주흔견루奏欣遣累, 초환사척招歡謝戚'이 되어야 할 것입니다.

渠 荷 的 歷　園 莽 抽 條

개천 거　연꽃 하　과녁 적　지날 력　　동산 원　풀 망　뽑을 추　가지 조

도랑의 연꽃은 뚜렷하며,
동산의 잡초는 쭉 뻗은 가지로다.

枇 杷 晚 翠　梧 桐 早 凋

비파나무 비　비파나무 파　늦을 만　푸를 취　　오동나무 오　오동나무 동　이를 조　시들 조

비파나무는 늦도록 푸르고,
오동나무는 일찍 시든다.

陳 根 委 翳　落 葉 飄 颻

묵을 진　뿌리 근　맡길 위　가릴 예　　떨어질 락　잎사귀 엽　나부낄 표　나부낄 요

묵은 뿌리가 말라 시들고,
떨어지는 잎이 이리저리 나부낀다.

游 鯤 獨 運　凌 摩 絳 霄

놀 유　큰 물고기 곤　홀로 독　옮길 운　　능멸할 능　만질 마　붉을 강　하늘 소

노니는 곤어鯤魚는 홀로 움직이다가
붕새로 변하여 붉은 하늘에 도달한다.

的歷 과녁 적 · 지날 력

또렷또렷하여 분명한 모양을 말한다.

莽 풀 망

수풀에 우거진 무성한 잡초를 일컫는 말이다.

抽條 뽑을 추 · 가지 조

나뭇가지가 길게 뻗은 것을 뜻한다.

晚 늦을 만

한 해가 끝나갈 무렵을 뜻하는 세만歲晚, 세모歲暮의 뜻이다.

委翳 맡길 위 · 가릴 예

위委는 '시들 위萎'와 같은 뜻이고 예翳는 '말라 죽다'는 의미로, 위예委翳
는 '말라 시들다'는 뜻이다.

飄颻 나부낄 표 · 나부낄 요

바람에 나부끼는 모양을 나타낸다.

鯤 큰 물고기 곤

곤어鯤魚를 말한다. 곤어는 북쪽의 큰 바다에 살며 크기가 몇 천 리쯤 되
는지 알 수 없는 물고기로,《장자》〈소요유〉에 나온다.

凌摩 능멸할 능ㅣ만질 마

능凌은 '~을 뛰어넘다', '~에 올라간다'는 의미이며 마摩는 '닿다', '접촉하다'의 의미이다. 능마凌摩는 '가까이 가다', '근접하다'는 뜻으로 쓰였다.

絳霄 붉을 강ㅣ하늘 소

붉은 하늘이란 뜻으로, 하늘의 가장 높은 곳을 의미한다. 본래 하늘의 색은 푸른색인데 이를 '붉은 하늘'이라고 부르는 것은, 옛 사람들이 천상계를 관찰하면서 북극을 기준으로 했기 때문이다. 즉, 우리가 머리를 들어 보게 되는 부분은 북극을 기준으로 하면 남쪽이 되기 때문에 남방南方을 가리키는 색인 빨간색으로 대입하여 그렇게 부르는 것이다.

국화는 은자이고, 모란은 부귀하며, 연꽃은 군자이다.
자연의 아름다움과 고귀함을 찬미하다.

이 단락은 홀로 여유롭게 거처하며 자연에서 보이는 여러 풍경을 나타내고 있습니다. 도랑의 연꽃으로부터 동산-숲속-하늘에 이르기까지 여러 공간으로 시선을 이동하며 생동감 있게 묘사하였습니다.

예로부터 연꽃은 여러 문학 작품의 소재가 되어 왔는데, 송나라의 주돈이周敦頤는 연꽃을 너무도 좋아하여 〈애련설愛蓮說〉이라는 글을 짓고는 "국화는 꽃 중의 은자이고, 모란은 꽃 중의 부귀한 자이며, 연꽃은 꽃 중의 군자이다[菊花之隱逸者也, 牧丹花之富貴者也, 蓮花之君子者也]"라고 했습니다.

다음은 숲으로 이동하여 비파와 오동나무를 비롯한 나무들의 습성을 말하고 있습니다. 비파나무와 오동나무는 모두 거문고나 가야금 등을 만드는 재료로 쓰입니다. 그런데 비파나무는 한 해가 끝나갈 무렵까지 시들지 않는 반면에 오동나무는 가을이 되면 벌써 시들기 시작합니다. '진근위예陳根委翳, 낙엽표요落葉飄颻'는 이처럼 시들기 시작한 나무의 모습을 형용하며 쓸쓸한 정취를 나타냈습니다.

초목이 시들어가는 것은 곧 한 해의 끝이 다가옴을 의미하는 것으로, 《회남자》〈설산훈〉을 보면, "잎새 하나가 떨어지는 것을 보고 한 해가 저물어가는 줄 안다"라고 했으니, 이를 우리는 '일엽지추一葉知秋'라고 부릅니다.

마지막으로 바다와 하늘로 시선을 이동합니다. 위 문장까지는 실제의 풍경을 묘사한 것이라면, 마지막의 곤어에 관한 문장은 고사와 관련한 것으로 상상 속의 공간이라는 차이점이 있습니다. 《장자》〈소요유〉를 보면, 다음과 같은 구절이 있습니다.

북쪽 바다에 어떤 물고기가 있는데, 곤어鯤魚라고 부른다.
곤어는 그 크기가 몇 천 리나 되는지 알 수가 없다.

이 물고기가 변화하여 새가 되는데, 그 새의 이름이 곧 붕鵬이다.

붕새의 등 넓이도 또한 몇 천 리나 되는지 알 수가 없다. …중략…

붕새가 남쪽 바다로 옮겨 갈 때에는 물결을 치는 것이 삼천 리요,

회오리바람을 타고 올라간 것이 구만 리이다.

北冥有魚, 其名爲鯤, 鯤之大不知其幾千里也

化而爲鳥, 其名爲鵬, 鵬之背不知其幾千里也 …중략…

鵬之徙於南冥也, 水擊三千里, 摶扶搖而上者九萬

이는 북쪽 바다의 곤어가 붕새로 변화하여 구만 리나 되는 상
공으로 날아오른다는 우화입니다. 여기서 곤어와 붕새는 후대에
'곤붕鯤鵬'으로 불리며 재주가 뛰어나고 지향하는 바가 원대한 사
람을 가리키는 말로 쓰이게 되었습니다.

또한 '능마강소凌摩絳霄'는 붕새가 한 번 날아 구만 리 상공에
오른다는 내용을 압축한 말로, 사람이 출세하여 벼슬길에 나아가
자신의 웅대한 포부를 펼친다는 것을 비유하는 말로 쓰였습니다.

耽讀翫市 寓目囊箱

耽 즐길 탐　讀 읽을 독　翫 가지고 놀 완　市 저자 시　寓 붙일 우　目 눈 목　囊 주머니 낭　箱 상자 상

독서를 즐긴 한나라 왕충王充은 시장에서 책을 보았는데
한 번만 보면 기억하여 주머니와 상자에 넣어둔 것과 같았다.

易輶攸畏 屬耳垣牆

易 쉬울 이　輶 가벼울 유　攸 바 유　畏 두려울 외　屬 닿을 촉　耳 귀 이　垣 담 원　牆 담 장

경솔하고 가벼운 것은 군자가 두려워하는 바이니
사람들의 귀가 담장에 붙어 있다.

耽 즐길 탐

'~을 즐긴다'는 뜻인데, 이는 상황에 따라 긍정적인 의미와 부정적인 의미를 모두 가지고 있다. 긍정적인 의미로는 '~에 열중하여 집중한다'는 '탐구探究'의 뜻으로 쓰인다. 반면에 부정적인 의미로는 '술, 도박 등에 빠져 상황을 분간하지 못한다'는 '탐닉耽溺'의 뜻으로 쓰인다. 여기서는 긍정적인 의미로 쓰였다.

王充 임금 왕 ㅣ 채울 충

후한의 사상가로 동한東漢 사람이다. 자는 중임仲任이다. 대표 저술로는

《논형論衡》이 있다.

翫 가지고 놀 완

'희롱할 완玩'과 같은 뜻으로 쓰이는 글자로, 여기서는 시장에서 노니는 것을 의미한다.

易 쉬울 이

경시하고 소홀히 한다는 뜻이다. '바꾸다'는 의미로 쓰일 때는 '역'으로 발음한다.

輶 가벼울 유

가볍다. 《시경》〈대아 · 증민烝民〉에 "덕의 무게는 터럭과 같이 가볍다 하나 능히 행하는 사람은 드물다[德輶如毛, 民鮮克擧之]"라고 한 말에 보인다.

攸 바 유

~하는 바. '바 소所'와 동일한 용법으로 쓰인다.

屬 닿을 촉

이 글자는 발음이 두 개인데 '~에 속하다'는 뜻으로 쓰일 때는 '속'으로, '~에 닿다'는 뜻으로 쓰일 때는 '닿을 촉觸'자와 같은 의미로, '촉'으로 발음한다. 여기서는 귀가 담장에 '닿다'는 의미로 쓰여 '촉'이라고 발음한다.

군자는 반드시 말과 행동을 신중히 해야 하고
특히 혼자 있을 때를 더욱 삼가야 한다.

다시 일상생활로 주의를 환기시켜 근면한 학문과 신중한 말의 중요성에 대해 말하고 있습니다. 후한後漢의 왕충王充은 어려서부터 고아로 자라면서 집이 매우 가난하여 책을 살 수 없는 형편이었습니다.

  그는 매일 낙양洛陽의 시장을 돌아다니면서 내놓은 책을 한 번 쓱 보고 그 자리에서 외워버렸습니다. 그가 외운 내용은 매우 정확하여 마치 주머니나 상자에 책을 넣어놓았다가 꺼내 보는 것과 같았습니다. 그렇게 하여 그는 마침내 여러 방면의 학문에 능통했다고 하는 고사가 《후한서》〈왕충열전王充列傳〉에 보입니다. 그의 삶은 어떤 환경에 처해서도 학문에 대한 열의를 놓지 않고, 근면하게 공부해야 한다는 교훈을 주고 있습니다.

  다음 문장은 말을 신중히 할 것에 대한 이야기로, 이는 《시경》〈소아·소변小弁〉에 "군자는 말을 쉽게 내지 말 것이니, 귀가 담장에 붙어 있다네[君子無易由言, 耳屬于垣]"라고 한 구절에서 나온 것입니다.

  군자는 말을 함부로 경솔하게 해서는 안 되니, 마치 담장에 귀가 붙어 있는 것처럼 그 말이 새어나갈 수 있기 때문입니다. 이는 우리의 속담에 '낮말은 새가 듣고, 밤말은 쥐가 듣는다'는 것과 비슷한 의미입니다.

그러므로 군자는 반드시 말과 행동을 신중히 해야 하고, 특히 혼자 있을 때 더더욱 신중하게 해야 합니다. 이는 《중용》에서 "군자는 홀로 있을 때를 삼가야 한다[君子愼其獨也]"라고 하여 재차 강조하였습니다.

具膳飱飯　適口充腸

갖출 구　반찬 선　저녁밥 손　밥 반　　마침 적　입 구　채울 충　창자 장

반찬을 갖추고 밥을 먹으니
입에도 알맞고 배도 부르다.

飽飫烹宰　飢厭糟糠

배부를 포 배부를 염 삶을 팽 재상 재　주릴 기 배부를 어 술지게미 조　겨 강

배가 부르면 삶은 고기도 물리고,
굶주리면 지게미와 겨도 달갑다.

親戚故舊　老少異糧

친할 친　겨레 척　연고 고　옛 구　늙을 로　젊을 소　다를 이　양식 량

친척과 오래된 친구는
나이의 많고 적음에 따라 음식을 달리한다.

飱飯　저녁밥 손 | 밥 반

둘 다 '밥'이라는 의미를 가지고 있는데 손飱은 저녁밥을 의미하고, 반飯
은 밥을 전체적으로 가리키는 글자이다.

厭 배부를 염
음식을 실컷 먹고 물린 상태를 의미한다. 뒤의 어飫도 같은 뜻이다.

適口 마침 적 · 입 구
입에 알맞다, 곧 입맛에 맞는다는 뜻이다.

充腸 채울 충 · 창자 장
창자를 채운다, 곧 배가 부르다는 뜻이다.

宰 재상 재
본래는 '재상'의 의미로 주로 쓰이는데, '얇게 고기를 저민다'는 뜻도 가지고 있다. 여기서는 얇게 썬 고기를 뜻하는 글자로 사용되었다.

糟糠 술지게미 조 · 겨 강
술지게미와 겨를 말한다. 지게미는 술을 빚고 액체를 거른 후 남은 찌꺼기를 의미하며 겨는 벼나 보리 등 곡식을 찧어 벗겨 낸 껍질을 이르는 말이다.

親戚 친할 친 · 겨레 척
가까운 집안사람을 친척이라고 일컫는다. 친親은 성이 같은 집안 사람을, 척戚은 성이 다른 집안사람을 의미한다.

가난할 때 사귀던 친구를 잊어서는 안 되고
조강을 먹으며 함께 고생한 아내를 버리지 않는다.

이번 단락은 갖가지 일상생활에 대한 서술 중 식생활과 관련한
문장들입니다. 음식은 단순히 배고픔을 없애기 위해 필요한 것을
넘어서 지위, 상황, 처지 등을 대변하기도 합니다.

첫 문장인 '구선손반具膳飡飯, 적구충장適口充腸'은 보통 상태에
서의 평범한 식생활에 대해 서술한 것입니다. 반찬을 잘 갖추어
제때에 밥을 챙겨 먹으면 입맛에도 맞고 적절히 배가 부르니 만
족스러운 식생활을 표현한 문장입니다.

다음 문장인 '포염팽재飽厭烹宰, 기어조강飢飫糟糠'은 염厭과 어
飫가 순서가 바뀌어 나온 판본도 있습니다. 이 문장은 배가 부르게
되면 아무리 맛있는 고기라도 먹고 싶지 않게 되고, 며칠을 굶어
배가 고프면 형편없는 음식도 맛있게 먹게 된다는 의미로, 자신이
처한 상황에 따라 음식에 대한 태도가 달라짐을 말한 것입니다.

조강糟糠은 술지게미와 겨를 말한 것으로, 먹을 것이 없어 배를
채우기 위해 먹는 형편없는 음식을 가리킵니다. 곧 조강은 아주
가난한 살림을 의미하는 말로 자주 쓰이는데,《후한서》〈송홍전宋
弘傳〉에는 이런 말이 나옵니다.

빈천할 때 사귀던 친구를 잊어서는 안 되고,

조강을 먹으며 함께 고생했던 아내는 버리지 않는다.

貧賤之知不可忘, 糟糠之妻不下堂

'조강지처糟糠之妻'라는 말이 바로 여기에서 나왔습니다. 힘들고 어려웠던 시절을 함께한 친구와 아내는 후에 자신의 상황이 여유 있고 부유하게 변한다 해도 절대 버려서는 안 됨을 강조한 말입니다.

마지막 문장은, 음식을 대접하는 대상의 노소에 따라 그 음식을 달리해야 함을 말한 것입니다. 고구故舊란 오래된 벗을 의미하는 말로, 혈연 관계로 맺어진 친척과 동일시될 만큼 오래도록 친하게 지낸 벗을 말합니다.《논어》〈미자微子〉를 보면, "오래된 친구는 큰 잘못이 없거든 저버리지 말 것이다[故舊無大故, 則不棄也]"라고 한 문장이 있습니다.

노소老少는 나이가 많고 적음을 의미하는데, 여기서는 친척과 오래된 친구에게 음식을 대접할 때는 그 사람의 나이에 따라 음식을 달리해야 한다는 뜻입니다.

음식을 달리한다는 것은 나이 많은 친구에게는 귀한 음식을 대접하고 젊은 친구에게는 보통의 음식을 대접한다는 의미가 아니라 음식의 온도, 재료, 딱딱함 등을 고려하여 차이를 둔다는 뜻입니다. 노인은 대체로 치아가 좋지 않기 때문에 부드럽고 소화가 잘 되는 음식을 준비하는 것이 예를 갖추는 행위라는 뜻입니다.

妾御績紡　侍巾帷房

첩 첩　모실 어　길쌈 적　길쌈 방　　모실 시　수건 건　장막 유　방 방

부녀자들은 길쌈을 다스리고,
내실內室에서 수건과 빗으로 남편을 모신다.

紈扇圓潔　銀燭煒煌

흰비단 환　부채 선　둥글 원　깨끗할 결　　은 은　촛불 촉　빛날 위　빛날 황

흰 비단 부채는 둥글고 깨끗하며
은빛 촛대는 환하게 빛난다.

晝眠夕寐　藍筍象牀

낮 주　잘 면　저녁 석　잘 매　　쪽 람　죽순 순　코끼리 상　평상 상

낮에는 졸고 저녁에는 잠을 자니,
푸른 대나무로 만든 돗자리와 상아로 꾸민 침상이다.

妾 첩 첩

본처가 아닌 두 번째 부인을 일컫는 말. 여자들이 자기 자신을 겸손하게
낮춰 말하는 겸사謙辭로 사용하기도 한다.

御 모실 어

어떠한 일을 '다스리다', '주관하다'의 의미로 쓰였다.

帷房 장막 유 ㅣ 방 방

규방閨房, 내실內室과 같은 말로 부녀자가 거처하는 방을 의미한다.

紈扇 흰비단 환 ㅣ 부채 선

살에다 흰 깁을 발라 만든 깁부채를 말한다. 깁이란 누에고치에서 뽑은 명주실로, 바탕을 조금 거칠게 짠 비단을 말한다.

煒煌 빛날 위 ㅣ 빛날 황

환하게 빛나는 모양을 뜻한다.

藍 쪽 람

진한 푸른색을 의미한다.

筍 죽순 순

본래는 어린 죽순을 뜻하는데, 여기서는 대나무로 만든 돗자리를 의미한다.

남자들은 나가서 농사일을 하며 바깥일을 맡고
여자들은 집안에서 길쌈과 살림을 맡는다.

이번 단락은 부녀자와 남편의 일상적인 기거 생활과 관련한 여러 모습을 담았습니다. 고대의 농경 사회에서는 남성들은 나가서 농사일을 하며 바깥일을 주관했고, 여성들은 집 안에서 길쌈, 재봉 등의 일을 주관했습니다. 이는 《사자소학》에 나오는 '내외유별內外有別'의 전형적인 모습으로, 이처럼 길쌈이나 바느질 등 여자들이 주로 도맡았던 일을 '여공女功'이라고 부릅니다.

시건侍巾은 '건즐巾櫛을 가지고 모신다'는 말입니다. 건즐은 수건과 빗으로, 남편이 세수를 할 때 옆에서 수건과 빗을 가지고 모신다는 의미입니다. 이는 곧 남편을 뒷바라지 하는 처첩으로서의 도리, 소임 등을 나타내는 말로 '건즐지시巾櫛之侍'라고 부르기도 합니다.

두 번째와 세 번째 문장은 한가로운 남성의 생활 모습을 보여 줍니다. 환선紈扇은 흰 깁을 발라 만든 부채이고, 은촉銀燭은 은빛 나는 밀랍 촛대를 말합니다. 두 가지 모두 평범한 사람이 지니기 힘든 고급 물품으로, 이를 사용하는 사람의 신분이 높음을 보여주는 것입니다.

환선과 관련하여 재미있는 고사가 있는데, 한나라 성제成帝의 후궁들과 관련한 것입니다.

성제의 여러 후궁 중에 재주와 외모가 출중하여 총애를 독차지하던 반첩여班婕妤라는 여인이 있었습니다. 그런데 뒤에 조비연趙飛燕이라는 후궁으로 인해 성제의 총애를 잃게 되고 스스로 자신을 환선紈扇에 비유하여 성제를 원망하는 노래를 지어 불렀으니, 그 노래가 바로 〈원가행怨歌行〉입니다.

새로 끊어낸 제나라 흰 비단, 희고 깨끗함이 서리와 눈과 같구나.
잘라서 합환 부채 만드니, 둥근 모양이 밝은 달과 같도다.
新裂齊紈素, 皎潔如霜雪, 裁爲合歡扇, 團圓似明月

흰 비단으로 만든 부채의 아름다운 모습을 형용하며 한때 지극한 총애를 받았던 자신의 모습을 비유했습니다. 그러나 '권력은 십 년을 가지 못하고, 열흘 이상 붉은 꽃은 없다[權不十年, 花無十日紅]'는 말이 있듯이 여름에는 유용했던 부채도 가을에 서늘한 바람이 불어오게 되면 쓰지 않게 됩니다. 그녀는 뒤이어 이렇게 노래합니다.

항상 마음속으로 두려워했던 것은 가을이 되어 서늘한 바람이 더위를 빼앗아가면, 대나무 상자 속에 그대로 버려져 은정이 중도에 끊어질까 하는 것이라네.
常恐秋節至, 凉風奪炎熱, 棄捐篋笥中, 恩情中道絶

반첩여는 가을 바람이 불어와 버림받게 된 부채에 조비연의 등장으로 총애를 잃고 물러나게 된 자신의 처지를 투영하였습니다. 이후에 환선은 여자가 늙어서 총애를 잃는 것을 비유하는 말로 쓰이기도 했습니다.

다시 본문으로 돌아와서, '둥글고 깨끗하다[圓潔]'는 것과 '환하고 빛난다[煒煌]'는 것은 각기 부채와 촛대를 형용하는 말이면서 이 부채와 촛대를 사용하는 사람의 인간됨 또한 훌륭함을 간접적으로 표현한 것입니다.

마지막 문장인 '주면석매晝眠夕寐, 남순상상藍筍象牀'은 낮에는 졸고 저녁에 잠을 자며, 대나무로 만든 돗자리와 상아로 장식한 침상에서 휴식을 취하는 모습을 형용했습니다.

이는 한가롭고 여유 있는 사대부가의 생활을 드러낸 것으로, 아침 일찍 일어나 밤이 늦어서야 잠이 든다는 '숙흥야매夙興夜寐'와는 반대되는 의미입니다.

남순藍筍과 상상象牀은 앞 문장의 환선紈扇과 은촉銀燭의 역할을 하는 것으로, 신분이 높은 자가 벼슬에서 물러난 후 한가롭게 퇴직 생활을 즐기는 모습을 나타내는 물건이라 할 수 있습니다.

남藍은 쪽빛을 말하는데, 쪽은 마디풀과의 한해살이풀을 말합니다. 이 풀의 색은 진한 푸른색으로《순자荀子》〈권학勸學〉에서 "청색은 쪽에서 취하지만 쪽보다 더 푸르다[靑取之於藍而靑於藍]"는 말로 유명합니다. 이는 곧 제자가 스승보다 훌륭하게 됨을 의미하는 것으로 이를 줄여서 '청출어람靑出於藍'이라고 말합니다.

순筍은 '순석筍席'을 말하는데,《서경》〈고명顧命〉에서, '여러 겹의 대자리를 펼친다[敷重筍席]'라고 했고, 그 문장에 '순석은 대로 만든 자리이다[筍席竹席也]'라고 한 주석이 있습니다.

絃歌酒讌　接杯擧觴

줄현　노래가　술주　잔치연　접할접　잔배　들거　잔상

거문고로 노래하고 술로 잔치하며,
잔을 잡고 잔을 들어 권한다.

矯手頓足　悅豫且康

바로잡을교　손수　두드릴돈　발족　기쁠열　미리예　또차　편안할강

손을 들고 발을 구르며 춤을 추니
기쁘고 또 안락하다.

嫡後嗣續　祭祀蒸嘗

정실적　뒤후　이을사　이을속　제사제　제사사　찔증　맛볼상

적자嫡子가 되어 세대를 계승하니,
제사에는 증蒸 제사와 상嘗 제사가 있다.

稽顙再拜　悚懼恐惶

조아릴계　이마상　다시재　절배　두려울송　두려울구　두려울공　두려울황

이마를 조아리며 두 번 절하고
몹시 두려워하고 공경한다.

絃歌 줄 현 · 노래 가

현絃은 '현弦'과 통한다. 거문고를 튕기며 노래하는 것을 말한다.

讌 잔치 연

'연燕', '연宴'과 같은 의미로 잔치를 연다는 뜻이다.

接杯 접할 접 · 잔 배

술잔을 접한다는 말로, 술잔을 잡고 술을 마시는 모습을 나타내는 말이다.

矯 바로잡을 교

높이 들어 올린다는 의미이다.

頓足 두드릴 돈 · 발 족

발을 동동 구른다는 뜻으로, 극도의 흥분과 격양된 감정 상태를 비유하는 말이다. 돈頓은 '발구를 타踔'의 의미로 쓰였다.

豫 미리 예

기쁘다, 즐겁다. 예豫는, '미리'의 의미로 자주 쓰는 글자로 예고豫告, 일기예보日氣豫報 같은 단어로 익숙하다. 그런데 '기쁘다'의 뜻도 가지고 있어 같은 뜻을 가진 '열悅'과 함께 '기쁘다'의 뜻을 나타낸다.

嫡 정실 적

정실正室. 본처가 낳은 자식을 적자嫡子라고 한다.

蒸嘗 찔 증 | 맛볼 상

제사의 한 종류로 증蒸은 겨울 제사를 말하고, 상嘗은 가을 제사를 말한다.

稽顙 조아릴 계 | 이마 상

이마가 앞의 땅에 닿도록 절하는 것을 말한다.

제사는 정실부인이 낳은 아들이 정성껏 지내되
이마가 땅에 닿도록 두 번 절해야 한다.

이 단락은 연회의 즐거움과 제사를 지내는 모습에 관해 서술했습니다. 첫 번째 문장과 두 번째 문장은 신나는 음악을 들으며 술잔을 들고 흥에 겨워 춤추며 즐거워하는 연회의 풍경을 나타낸 것입니다.

현가絃歌는 거문고를 튕기며 노래하는 것을 말하는데, 이는 고대에 《시경》을 전수받을 때 거문고를 연주하며 시를 암송했던 문화에서 나온 말입니다. 이를 '현송絃誦', 또는 '현가弦歌'라고도 합니다.

이는 《논어》〈양화〉에, 노나라의 자유子遊가 무성武城의 수령으로 있으면서 백성들에게 예악禮樂으로 가르쳤으므로 사람들이 음악에 맞춰 노래하는 현가弦歌의 소리가 들렸다는 구절에서 볼 수 있습니다. 현가는 후에 예악을 학습하고 외운다는 의미로 쓰이게 되었습니다.

'접배거상接杯擧觴'은 술잔을 잡고 계속하여 술잔을 들어 올리며 마시기를 권하는 모습을 표현한 말입니다. 서로 술잔을 권하는 것을 '수작酬酌'이라고 하는데, 의미가 확대되어 서로 말을 주고받는 것을 말하기도 합니다.

이 말은 후대에 엉큼한 속셈을 가지고 이상한 짓을 하는 것을 의미하여 '허튼 수작을 부린다' 같은 말에 쓰이게 되었습니다. 그러나 본래 단어의 의미는 연회에서 서로 술을 권하는 다정한 모습을 나타내는 말입니다.

'교수돈족矯手頓足'은 손을 높이 들고 발을 동동 구른다는 말로, 주희가 지은《논어집주論語集註》의 서설序說에 이런 문장이 나옵니다.

논어를 읽은 후, 곧장 자신도 모르게 손으로 춤을 추고 발을 구르며 뛰게 되는 자도 있다.
有讀了後, 直有不知手之舞之足之蹈之者

이렇게 말한 사람은 송나라의 학자인 정이천程伊川으로,《논어》

를 읽은 후 너무도 기쁜 나머지 자신도 모르게 손과 발을 움직이며 춤을 추었다고 합니다. 이런 모습을 상상해보면, 깨달음으로 인해 감정이 극도로 격앙되고 흥분한 상태임을 알 수 있습니다. 여기서는 이처럼 즐겁고 기쁜 마음으로 연회를 즐기고 있는 모습을 나타낸 것입니다.

세 번째 문장과 네 번째 문장은 제사의 계승과 제사를 행하는 엄숙한 모습에 대해 서술했습니다. 예로부터 제사는 정실부인에게서 나온 아들이 물려받아 지냈기 때문에 오늘날까지도 남아 있는 남아선호 사상의 근본 원인이 되었습니다.

세대를 이어가며 장자는 조부의 종묘를 받들어 계절마다 제사를 거행했는데, 봄에 지내는 제사를 약礿, 여름 제사를 체禘, 가을 제사를 상嘗, 겨울 제사를 증烝이라고 합니다.

계절마다 각기 익는 곡식으로 선조들에게 제사를 지내는데, 여기서는 가을과 겨울의 제사를 말하고, 봄과 여름 제사는 생략했습니다. 이는 천자문 앞부분의 '가을에는 거둬들이고 겨울에는 보관한다[秋收冬藏]'는 구절에서 '봄에는 태어나고 여름에는 자란다[春生夏長]'는 말을 생략한 것과 같은 이치입니다.

'계상재배稽顙再拜'는 이마를 땅에 닿도록 두 번 절한다는 의미로, 다른 말로 '돈수재배頓首再拜'라고도 합니다. 이는 제사에서 극도의 공경함을 보이는 태도를 가리킵니다. 송悚, 구懼, 공恐, 황惶

은 모두 두렵다는 의미를 가진 글자들로 제사에 임하는 엄숙하고
도 두려운 마음을 강조한 것입니다.

牋牒簡要 顧答審詳

편지 전　편지 첩　대쪽 간　중요할 요　　돌아볼 고　대답 답　살필 심　자세할 상

편지는 간단하고 긴요해야 하며,
안부를 묻고 답함은 자세하고 분명해야 한다.

驢騾犢特 駭躍超驤

나귀 려　노새 라　송아지 독　소 특　　놀랄 해　뛸 약　넘을 초　달릴 양

나귀와 노새, 송아지와 황소가
놀라 뛰고 마구 달린다.

誅斬賊盜 捕獲叛亡

벨 주　벨 참　도적 적　도적 도　　잡을 포　얻을 획　배반할 반　도망 망

강도와 도적을 주벌하고 참수하며
배반하고 도망한 자를 사로잡아 들인다.

牋牒 편지 전 ｜ 편지 첩

짧은 편지. 옛날에는 대나무 조각에 편지를 썼기에 두 글자 모두 '조각
편片'자를 포함하고 있다.

顧 돌아볼 고

본래 '돌아보다', '자세히 보다'의 의미인데 여기서는 안부를 묻는 것을
뜻한다.

審 살필 심

'자세히 묻다', '살피다'의 의미로, 뒤의 상詳과 함께 붙어 '상세하다', '자
세하다'의 의미로 사용되었다.

骸 뼈 해

'뼈'라는 뜻으로 주로 쓰이나 여기서는 '몸', '신체'의 의미로 쓰였다.

特 소 특

'특별하다'는 뜻으로 주로 쓰이는데, '소牛'의 의미가 있음을 기억해야
한다.

超驤 넘을 초 ㅣ 달릴 양

(말 등의 동물이) 머리를 쳐들고 뛰어올라 나아가는 모습을 의미한다.

誅斬 벨 주 ㅣ 벨 참

주誅는 징벌, 처벌의 뜻이며 참斬은 참수斬首의 의미이다.

남의 재물을 훔치거나 이웃을 배반하고 도망쳐서
마을의 안녕을 해치는 자들은 엄히 처벌한다.

일상생활 속에서 마주하는 여러 상황에 대해 두서없이 서술한 단락입니다. 이 단락의 네 문장은 서로 간에 크게 연관성이 없다고 볼 수 있습니다. 첫 번째 문장은 서신을 주고받을 때의 예절과 도리에 대해 말한 것입니다. 사람과 사람 사이를 잇는 통신수단은 날로 발전하였습니다. 현재는 휴대전화를 사용하여 문자 메시지를 보내기도 하고, 필요하면 언제나 전화를 할 수 있지만, 옛날에는 그렇게 할 수 없었습니다.

그 당시에 사람과 사람을 연결해주는 유일한 수단은 바로 편지라고 할 수 있습니다. 그때는 종이가 매우 귀했기 때문에 대나무 조각에 글을 써서 전달했습니다.

그렇기 때문에 많은 글자를 쓸 수 없어 하고 싶은 말만 간단하고 긴요하게 써야 했습니다. 이렇듯이 편지를 쓸 때는 간명함을 최우선으로 생각해야 하는 것입니다.

그렇지만 어떤 사람을 만나서 안부를 묻거나 질문에 답을 할 때는 최대한 자세하게 말을 해야 오해나 왜곡이 없습니다. 다른 사람과의 소통이라는 동일한 상황에서도 그 수단에 따라 묻고 대답하는 방법을 달리해야 함을 말한 것입니다.

두 번째 문장은 개인의 위생과 건강에 관한 것입니다. 해骸는 '백해百骸'라는 뜻으로 쓰여 몸의 온갖 골격과 전신을 의미합니다. 구坵는 몸과 얼굴에 묻은 때를 의미하는데, 흐트러진 머리와 때 묻은 얼굴, 즉 외모를 전혀 치장하지 않은 모습을 '봉두구면蓬頭垢面'이라고 부릅니다.

집열執熱은 《시경》〈대아 · 상유桑柔〉에서 "누가 뜨거운 물건을 쥐고서 물로 씻지 않을 수 있으리요[誰能執熱, 逝不以濯]"라고 한 말에서 나온 것입니다.

이 말은 '천하에 대적할 자가 없기를 바라면서 인정仁政을 행하지 않으니, 이는 뜨거운 물건을 쥐고서 물로 씻어내지 않는 것과 같다'는 말에서 나온 것입니다.

동진東晉시대의 제9대 군주인 효무제孝武帝는 한겨울의 낮에는 삼베로 만든 얇은 옷을 입고, 저녁에는 몇 겹의 가죽 옷을 입었다고 합니다. 당시 승상이던 사안謝安은 그에게 낮이라고 해서 너무 춥게 하고 있거나 저녁이라고 해서 너무 덥게 지낼 필요는 없으니 이는 모두 건강에 영향을 미친다고 조언했습니다.

이를 들은 효무제는 아무 문제가 없다고 했으나 무제가 결국 40세가 되기도 전에 일찍 죽게 되었습니다. 이는 《세설신어世說新語》〈숙혜夙惠〉에 자세히 보입니다. 본문과 이 고사는 모두 평소의 신체 건강에 유의해야 하며 너무 춥거나 너무 덥게 하지 말아야 함을 말한 것입니다.

세 번째 문장은 나귀, 노새, 황소 등 집에서 키우는 가축들이 놀라서 날뛰고 있는 모습을 형용했습니다. 예로부터 가축은 재산과 직결되는 것으로, 가축을 키운다는 것은 먹고 사는 데 여유가 있는 집을 의미하는 것입니다.

《예기》〈곡례〉를 보면, "백성의 부에 대해 묻는다면 가축의 수로써 대답한다[問庶人之富, 數畜以對]"고 한 구절에서도 알 수 있습니다. 본문에 나온 나귀와 노새, 송아지 등은 본래 빨리 뛰는 습성을 가진 가축들이 아니지만, 기쁘고 놀란 상황을 만나서 날뛰고 흥분한 모습을 보인 것입니다.

마지막 문장은 다른 사람을 해치거나 재물을 훔친 자, 향리를 배반하고 도망한 자들에 대한 징벌을 말했습니다. 강도와 도적, 도망자들은 향리의 태평과 안녕에 해를 끼치는 사람들이므로, 강력하게 처벌해야 합니다.

《주례周禮》〈지관地官 · 대사도大司徒〉를 보면, 흉년이 들었을 때 시행하는 12가지 조항의 정사가 있는데, 이 중 12번째가 바로 '형벌을 엄하게 하여 도적을 제거하는 것[除盜賊]'입니다.

또한《대명률大明律》에서 정한 10가지의 큰 죄 중 '모반謀叛'이 그 한 가지를 차지하고 있습니다. 그만큼 도적들과 향리를 배반하는 자들은 지역사회의 질서를 어지럽히는 자들로 규정하고 강력하게 처벌했음을 알 수 있습니다.

布射僚丸 嵇琴阮嘯

布 베포 　 射 쏠사 　 僚 동료료 　 丸 알환 　 　 嵇 성혜 　 琴 거문고금 　 阮 성완 　 嘯 휘파람소

한나라 여포呂布 는 활을 잘 쏘고
초나라 웅의료熊宜僚 는 탄환을 잘 놀렸으며,
위나라 혜강嵇康 은 거문고를 잘 타고
위나라 완적阮籍 은 휘파람을 잘 불었다.

布 　 베포

중국 후한 말기의 장수인 여포呂布 를 가리킨다. 구원九原 사람이며, 자는
봉선奉先 이다. 활쏘기와 말타기에 능하여 '비장飛將'으로 불렸다.

遼 　 동료료

춘추시대 초나라 사람인 웅의료熊宜僚 를 가리킨다. 탄환을 잘 던지는 것
으로 유명하다.

嵇 　 성혜

진나라 때 죽림칠현竹林七賢 중 한 사람인 혜강嵇康 을 가리킨다.

阮 성 완

위나라의 명사인 완적阮籍을 가리킨다. 죽림칠현 중 한 사람이다.

누추한 시골을 홀로 지키며 평화로이 살고 있으니
탁주 한 잔에 거문고만 있으면 충분한 삶이다.

이 단락은 특정한 재주에 능했던 여러 인물을 거론하면서, 이를 한 글자로 압축하여 나타낸 점이 특징입니다. 후한 말기의 장수인 여포는 활을 잘 쏘기로 유명했는데, 그와 관련한 고사는 《삼국지三國志》〈위서魏書 · 여포전呂布傳〉에 보입니다.

유비劉備가 원술袁術의 장군 기령紀靈에게 쫓겨 위급하게 되자, 여포에게 구원을 청하게 됩니다. 이때 여포는 기령에게 화해를 요청하며 이렇게 말합니다.

"제군들은 내가 화살로 극戟의 소지小支, 극의 가지창 부분를 맞추는 것을 보라. 내가 한 발을 쏘아서 맞추게 되면 제군들은 모두 해산하여 떠나가고, 만일 맞추지 못하면 여기에 남아서 싸우라[一發中者諸君當解去, 不中可留決鬪]"

극戟은 삼지창과 같은 무기로, 그의 말대로 멀리 있는 극을 한 번에 정통으로 맞추자 여러 장수들이 겁을 먹고 물러갔다는 이야기가 전해지고 있습니다.

춘추시대 초나라의 장수인 웅의료는 탄환을 잘 다룬 것으로 유명합니다. 그는 구슬 여덟 개를 공중에 띄우면서 그 중 한 개를 손에 쥐고 있었다고 합니다. 초나라와 송나라가 싸울 때 그는 가슴을 다치고 칼에 맞은 상태에서도 온갖 재주를 부리며 송나라 병사들로 하여금 정신을 팔리게 했습니다.

결국 싸움을 잊고 그의 재주를 구경하던 송나라 군사들은 전쟁에서 패하게 되었습니다. 이는 《장자》〈서무귀徐無鬼〉에 나오는 고사로, 특별한 재주로 두 나라의 싸움을 화해시킨 의미 있는 기술이었습니다.

혜강嵇康과 완적阮籍은 모두 진晉나라 때 죽림칠현의 한 사람입니다. 죽림칠현이란 세속을 초월하여 죽림에 노닐면서 청담淸談을 나누었던 7명의 무리를 말합니다. 이들은 완적, 혜강, 산도山濤, 향수向秀, 유령劉伶, 왕융王戎, 완함阮咸으로 노장老莊의 학설을 숭상하며 예법을 경시했습니다.

혜강의 풍채는 마치 외로운 소나무가 홀로 우뚝 선 것과 같고, 그가 취한 모습은 마치 크나큰 옥산玉山이 무너지는 것과 같았다고 합니다. 그는 성품이 워낙 낙천적이어서 항상 거문고를 타고 시를 읊조리면서 스스로 즐겼습니다.

원제元帝 때 그의 친구 산도山濤가 관직을 사임하면서 후임자로 그를 추천하자, 그는 산도에게 절교하는 편지를 보내면서 이를 완강히 거절했습니다. 그는 편지에 이렇게 적었습니다.

다만 지금 누추한 시골을 지키고 살면서 자손들을 가르치고 양육하며
…중략… 막걸리 한 잔을 마시고 거문고 한 곡조만 탈 수 있다면 나의
뜻을 다 이루는 것이다.

今但願守陋巷, 教養子孫, …중략… 濁酒一杯, 彈琴一曲, 志願畢矣

완적 또한 죽림칠현의 한 사람으로, 그의 성격을 한 마디로 말
하자면 '광달불기曠達不羈'했다고 전해집니다. 다른 사람에게 얽
매이지 않고 매우 활달했다는 뜻입니다.

완적은 때때로 혼자 수레를 타고 마음껏 돌아다니다가 길이 끊
어진 곳에 이르면 문득 통곡을 하고 돌아왔다고 합니다. 그는 또한
호불호가 분명하여 반가운 사람을 만나면 청안靑眼을 뜨고, 마음
에 들지 않는 사람을 만나면 백안白眼을 떴다고 합니다. 청안은 기
뻐하여 반겨주는 눈이고, 백안은 흘겨보는 눈을 말하는데, 완적은
특히 예속禮俗의 선비들을 보면 자주 백안으로 대했습니다.

그가 모친상을 당했을 때 혜희嵇喜가 와서 예법에 따라 조문할
때는 백안을 지었다가, 혜희의 아우인 혜강嵇康이 술과 거문고를
가지고 조문을 하자 대단히 기뻐하여 청안을 지었다고 하니 그의
특이한 성격을 알 수 있는 고사입니다.

완적은 또한 휘파람을 아주 잘 불었는데, 일찍이 소문산蘇門山
에 올라가 그곳에 숨어 살고 있던 손등孫登을 만나 여러 가지 얘
기를 했지만 손등이 전혀 듣지를 않자, 완적이 휘파람을 길게 불

면서 산을 내려왔다고 합니다.

산의 중턱쯤에 왔을 때 마치 봉황이 우는 듯한 휘파람 소리가 들렸으니, 이것이 바로 손등의 휘파람 소리였다고 합니다. 곧 손등과 완적의 휘파람은 은자隱者만이 낼 수 있는 소리이며 훌륭한 선비의 정취를 보여주는 고사로,《진서晉書》〈완적열전阮籍列傳〉에 자세한 이야기가 보입니다.

恬筆倫紙 鈞巧任釣

편안할 념　붓 필　인륜 륜　종이 지　　서른근 균　공교할 교　맡길 임　낚시 조

진나라 몽염蒙恬은 붓을 만들고
후한의 채륜蔡倫은 종이를 만들었으며,
위나라 마균馬鈞은 기교가 있고
임공자任公子는 낚시를 잘했다.

釋紛利俗 竝皆佳妙

풀 석　어지러울 분　이로울 리　세상 속　　아우를 병　모두 개　아름다울 가　묘할 묘

번거로움을 없애고 세속을 이롭게 하니
그 기예가 모두 아름답고 신묘하다.

恬 편안할 념

진시황 때의 장수인 몽염蒙恬을 가리킨다.

倫 인륜 륜

한나라 화제和帝 때 공예가 채륜蔡倫을 가리킨다. 역사상 최초로 종이를

만든 인물이다.

鈞 서른근 균

삼국시대 위나라의 관료이자 발명가인 마균馬鈞을 가리킨다. 부풍扶風 사람으로, 자는 덕형德衡이다.

任 맡길 임

고대 전설에서 물고기를 잘 잡는 사람으로 알려진 임공자任公子를 가리킨다.

釋 풀 석

'없어지다', '해제되다'의 의미로 쓰였다.

紛 어지러울 분

번거롭고 어지러운 일을 의미한다.

특별한 재주로 세상을 변화시키고,
갖가지 기물을 만들어 백성들을 편리하게 했다.

이번 단락은 중국 역사에서 발명가로 손꼽히는 인물들을 나열했습니다. 몽염은 진나라의 장군으로 흉노족을 막기 위해 '유새楡塞'라는 관을 설치한 것으로 유명하지만, 그보다는 붓을 발명한 것으로 더 잘 알려져 있습니다.

그가 토끼털을 죽관竹管에 묶어서 처음으로 붓을 만들었기 때문에 붓을 염필恬筆이라고 부르기도 합니다. 붓을 의인화하여 나타낸 한유韓愈의 〈모영전毛穎傳〉을 보면, "진시황제가 몽염으로 하여금 탕목읍을 내리고 관성에 봉하였기에 관성자라 호칭했다[秦皇帝使恬, 賜之湯沐, 而封諸管城, 號曰管城子]"고 한 부분이 있으니, 관성자 또한 붓을 달리 이르는 말이 되었습니다.

채륜은 후한 중기의 환관이자 공예가로, 화제 때 궁중의 집기를 제조하고 관리하는 상방령尙方令을 역임했습니다. 그는 나무껍질[樹膚], 삼베 자락[麻頭], 해진 천[敝布], 어망[魚網] 등을 이용하여 처음으로 종이를 만들어 보급했습니다.

그래서 그 공을 인정받아 용정후龍亭侯에 봉해졌으며, 사람들은 이로 인해 당시에 종이를 '채후지蔡侯紙'라고 불렀습니다. 채륜이 종이를 발명하게 된 후에 각 지역마다 삼, 대나무, 뽕나무 껍질, 등나무, 누에고치, 닥나무 등 서로 다른 여러 재료로 종이를 만들어 점차 발전하게 되었습니다. 현재 종이는 화약, 나침반, 인쇄술과 함께 중국의 4대 발명으로 일컬어지고 있습니다.

마균은 삼국시대 위나라 사람으로, 기계를 잘 다루고 온갖 용품의 발명에 능했던 사람입니다. 그는 명제明帝 때 왕명을 받들어 '지남차指南車'를 만들었는데, 이는 일정한 방향을 가리키도록 만들어진 수레입니다.

또한 수차水車의 일종인 용골차龍骨車를 발명했는데, 이는 높은 곳에 물을 끌어올리기 위해 고안된 양수기로 번차翻車라고도 합니다. 용골차의 발명으로 농사를 짓는 데 필요한 물을 밭에 대기 훨씬 더 수월해졌습니다. 그는 이처럼 일상생활에 도움이 되는 여러 유용한 기계들을 발명했으니, 서진西晉 때의 학자인 부현傅玄은 그를 '천하의 기교'라고 평가했습니다.

임공자는 전설 속의 신인神人으로, 임공任公 또는 임보任父라고도 불리며 물고기를 잘 잡는 사람으로 유명합니다. 그에 관한 고사는 《장자》〈외물外物〉에서 볼 수 있는데, 그가 큰 낚시 바늘과 굵은 동아줄을 가지고 회계산會稽山에 올라 거세한 소 50마리를 미끼로 하여 동해에서 낚시를 했습니다.

그 후 1년 뒤에 큰 고기를 한 마리 잡았는데, 너무도 커서 그 고기를 포로 만들자 제하淛河의 동쪽과 창오蒼梧의 북쪽 백성이 모두 실컷 먹었다고 합니다.

이는 《열자列子》〈탕문湯問〉에서 "용백龍伯의 나라에 거인이 있는데, 한 번 낚시를 하여 바다 속에 있는 큰 자라 여섯 마리를 한꺼번에 낚았다"고 하는 이야기와 비슷한 내용입니다.

앞의 몽염과 채륜, 마균은 실제 인물인 것에 반해 임공자는 전설 속의 인물로, 실제로 이러한 일이 일어났다고 믿기는 힘듭니다. 그러나 특출난 재주로 백성의 삶을 윤택하게 했다는 점에서 이들과 함께 나란히 서술한 것입니다.

두 번째 문장은 염포부터 임공자에 이르기까지 8명의 공적이 가지는 의의와 평가에 대해 말합니다. 위의 인물들은 특정한 재주를 가지고 세상을 변화시키기도 했고, 여러 기물을 발명하여 후대 사람들로 하여금 불편했던 생활을 더욱 이롭고 편리하게 만들기도 했습니다.

특히 붓과 종이의 발견은 문장의 발전과 직접적으로 연관이 있으며 마균이 발명한 여러 기계는 실생활에 밀접한 도움이 되는 것들이었으니 더더욱 그 공이 크다고 할 것입니다. 오늘날처럼 발전된 시대가 오기까지 앞선 시대를 살아간 선조들의 공적이 매우 큰 영향을 끼쳤음을 다시 한 번 기억해야 할 것입니다.

毛施淑姿 工嚬姸笑

털 모　베풀 시　맑을 숙　모양 자　　장인 공　찡그릴 빈　고울 연　웃을 소

모장毛嬙과 서시西施는 자태가 아름다웠고,
예쁘게 찡그리며 곱게 웃었다.

毛嬙 털 모 | 담 장

춘추시대 오나라의 절세미인으로, 월왕越王이 총애하던 여인이다.

西施 서녘 서 | 베풀 시

춘추시대 월나라의 미녀로, 눈썹을 찡그리는 모습조차 아름다웠다고 한다.

나라를 기울게 할 만큼 뛰어난 미모도
언젠가는 빛을 잃고 시드는 법이다.

어리고 예쁜 여자를 좋아하는 것은 모든 사내의 본성으로, 《맹자》
〈만장 상萬章 上〉에서도 "여색의 즐거움을 알게 되면 젊은 미인을
좋아한다[知好色, 則慕少艾]"고 했을 정도입니다.

　예로부터 미녀는 한 나라의 운명을 쥐고 흔들 정도로 중요한
존재였으므로 나라를 기울게 할 정도의 미모를 지닌 사람을 '경

국지색傾國之色'이라고 합니다.

모장毛嬙과 서시西施는 중국의 대표적인 미녀로, 모두 춘추시대 때의 인물입니다. 모장은 월왕越王이 총애하던 여인으로 유명하며 서시는 양귀비楊貴妃, 왕소군王昭君, 초선貂蟬 등과 함께 중국의 4대 미녀로 손꼽힐 정도의 절세미인입니다.

아름다운 자태[淑姿]와 고운 미소[姸笑]는 두 사람의 아름다운 모습을 형용한 말입니다.《시경》〈석인碩人〉의 "예쁘게 웃는 얼굴에 보조개 나오고, 아름다운 눈동자에 흑백이 분명함이여[巧笑倩兮, 美目盼兮]"라는 구절에서도 볼 수 있듯이 예쁘게 웃는 모습은 미인을 상징하는 대표적인 이미지라 할 수 있습니다.

서시는 그 명성만큼이나 그녀의 외모에 관한 고사들이 많이 전해지고 있습니다. 그녀는 평소에 위장이 좋지 않아 자주 눈썹을 찡그렸다고 합니다.

그런데 찡그린 얼굴조차도 너무나 아름다워 동쪽에 살았던 못생긴 추녀 동시東施가 이를 흉내 내자 안 그래도 못생긴 얼굴이 더욱 추해져서 차마 봐줄 수 없었다고 합니다. 이를 동시가 찡그리는 모습을 따라한다는 의미로 '동시효빈東施效顰'이라고 하고, 줄여서 '효빈效顰'이라고 부르기도 합니다.

서시가 어느 날 맑고 투명한 강변에 서자 강물에 그녀의 모습이 비쳤습니다. 물 속의 물고기가 헤엄을 치다 서시의 아름다운 모습에 매료되어 헤엄치는 것을 잊고 점차 강바닥으로 가라앉았다고 하니, 이를 '침어浸魚'라고 부릅니다. 이런 이야기들에서 볼 수 있듯이, 잘못된 외모 지상주의는 예부터 있었습니다.

그녀의 미모는 오나라와 월나라의 관계에도 결정적인 역할을 하게 됩니다. 오나라와 월나라는 서로 사이가 좋지 않아 원수로 지냈는데, 그러던 중 월나라 왕 구천句踐이 오나라 왕 부차夫差에게 공격을 당해서 패하게 됩니다.

구천은 계속해서 보복을 다짐했는데, 구천의 충신인 범려范蠡가 서시의 외모를 이용할 것을 생각해냈습니다. 그는 곧 서시에게 온갖 애교와 기예를 가르쳐 부차에게 제물로 바쳤고, 부차는 너무도 아름다웠던 서시의 미모에 정신을 놓고 정사를 소홀히 하여 마침내 월나라에 패망하게 되었습니다. 이는 《사기》의 〈월왕구천세가越王句踐世家〉에 자세히 소개되어 있습니다.

그러나 아름다운 미모는 또한 절대적이 않고 결국 상대적일 수 있다는 내용의 고사도 있으니, 이는 《장자》〈제물론齊物論〉에서 볼 수 있습니다.

사람들은 모장과 여희를 아름답다고 여기지만 물고기가 그녀들을 보고는 물속에 깊이 잠기며, 새가 보고는 높이 날아가고, 고라니가 보고는 마구 달려가 숨는다.
毛嬙麗姬, 人之所美也, 魚見之深入, 鳥見之高飛, 麋鹿見之決驟

모장과 여희는 사람들이 볼 때는 아름답고 여린 미녀들이겠지만 물고기나 새, 고라니가 보았을 때는 자신을 공격할지도 모르는 무서운 동물일 따름이니, 이는 곧 사람과 짐승의 처지가 서로 다르기 때문일 것입니다.

위衛나라의 미자하彌子瑕에 얽힌 고사 또한 떠올려볼 만합니다. 미자하는 아주 잘생긴 미소년으로 왕의 총애를 받고 있었는데, 어느 날 모친이 몸이 좋지 않다는 소식을 듣고는 임금의 수레를 몰래 훔쳐 타고 나갔습니다.

왕의 허락도 없이 수레를 탔으니 엄벌에 처해야 하지만 미자하를 총애했던 왕은 아픈 어머니가 걱정되어 후의 일을 생각할 겨를이 없었을 것이니, 이는 대단한 효성이라며 그를 칭찬했습니다.

어느 날은 미자하가 복숭아를 먹다가 너무 달고 맛있어서 먹던 복숭아를 임금에게 건네니, 나를 생각하여 복숭아를 주는 마음이 지극하다며 또 그를 칭찬했습니다.

그러나 후에 시간이 지나 미자하의 아름답던 외모도 점점 빛이 바랬습니다. 그러자 임금은 미자하를 평가하기를, 나의 수레를 몰래 훔쳐 탔으며 먹던 복숭아를 감히 먹으라고 건넨 천하의 무례한 놈이라고 말했다고 합니다. 이 이야기는 《한비자》〈세난說難〉에 자세히 보입니다.

결국 아름다움에 대한 기준은 절대적인 것이 아니며, 그 미모로 인해 받은 총애 또한 결코 영원하지 않습니다. 무작정 찡그리는 모습을 따라하면 서시의 아름다운 모습과 비슷할까 생각한 어리석은 동시의 행동을 다시 한 번 돌이키며 외모뿐만 아니라 나만의 아름다움을 찾도록 노력해야 할 것입니다.

年矢每催 曦暉朗曜

해 년　화살 시　매양 매　재촉할 최　　햇빛 희　빛날 휘　밝을 랑　빛날 요

세월은 화살처럼 빨라 늘 재촉하고,
태양은 밝게 빛난다.

琁璣縣斡 晦魄環照

구슬 선　구슬 기　매달 현　돌 알　　그믐 회　어두울 백　고리 환　비칠 조

옥과 같은 별이 하늘에 매달려 돌고 있고,
그믐달에는 검은 부분이 생겨 순환하며 비춘다.

指薪修祐 永綏吉劭

손가락 지　섶나무 신　닦을 수　복 우　　길 영　편안할 유　길할 길　높을 소

손으로 땔나무를 계속 밀어 넣어 불씨가 영원하듯
계속해서 하늘의 보살핌으로 자신을 닦으면,
영원토록 편안하고 길한 징조가 아름다우리라.

矢　화살 시

본래 화살이라는 뜻을 가지고 있는데, 여기서는 크게 두 가지 의미로 해
석할 수 있다. 첫 번째는 세월이 마치 화살이 날아가듯이 빠르다는 비유

적인 의미이고, 두 번째는 물시계에서 시각을 표시하는 화살[箭]로 보아 물시계 바늘이 쉬지 않고 이동한다는 뜻이다. 두 해석 모두 시간이 빨리 흘러감을 말한다는 점에서는 크게 다르지 않다.

曦暉 햇빛 희 ｜ 빛날 휘
모두 해[日]와 관련한 말로 '햇빛', '밝게 비치다'의 의미로 쓰인다.

璇璣 구슬 선 ｜ 구슬 기
선璇과 기璣는 모두 옥玉의 일종이면서, 또한 북두칠성의 두 번째와 세 번째 별 이름이다. 여기서는 묶어서 별을 의미하는 것으로 풀이했다.

晦 그믐 회
그믐달을 뜻하며 한 달의 마지막 날에 보이지 않는 달을 가리킨다.

魄 어두울 백
'혼魂'과 함께 넋이라는 뜻으로 주로 쓰이는데, 여기서는 '달', '달에서 빛이 없는 검은 부분'의 의미로 쓰였다.

薪 섶나무 신
땔감으로 쓰는 섶나무를 말한다.

劭 높을 소

'(덕이) 높다', '이어지다' 등의 의미를 가지고 있다. 여기서는 '아름답다'는
의미로 쓰였다.

나라에 도가 있을 때에도 화살처럼 곧았고,
나라에 도가 없을 때에도 화살처럼 곧았다.

천자문의 마지막 부분으로 향해 가면서 수신의 도리에 대해 몇 가
지를 보충하고 있습니다. '년시매최_{年矢每催}, 희휘랑요_{曦暉朗曜}'는
쉬지 않고 움직이는 물시계와 태양의 움직임을 말하고 있습니다.

시_矢는 본래 화살을 의미하는 글자로, 화살은 문장에서 주로 곧
고 강직한 심성을 비유하는 말로 많이 쓰입니다.《논어》〈위령공〉
을 보면, 공자가 제자인 사어_{史魚}의 인간됨을 평가하면서 이렇게
말하는 부분이 있습니다.

강직하도다, 사어여.
나라에 도가 있을 때에도 화살처럼 곧았고
나라에 도가 없을 때에도 화살처럼 곧도다.
直哉, 史魚, 邦有道如矢, 邦無道如矢

천자문에서는 화살처럼 빠르다는 의미로 쓰였고, 구체적으로
물시계의 바늘을 가리킨다고 보는 해석도 있습니다. 물시계의 바

늘이 쉬지 않고 이동하니 화살이 날아가듯 세월이 빠르게 간다고 보는 것입니다.

영어에 'Time flies like an arrow'라는 속담이 있듯이, 화살로 세월의 빠름을 비유함은 동서양의 구분 없이 보편적으로 전해 내려온 것으로 보입니다.

'희휘曦暉'는 태양이 밝게 빛난다는 의미로, 휘暉는 '봄 춘春'과 함께 춘휘春暉라는 단어로 유명합니다. 춘휘는 따뜻한 봄 햇살이라는 뜻으로, 당나라의 시인 맹교孟郊가 어머니를 생각하며 지은 〈유자음遊子吟〉이라는 시에 "한 치의 풀 같은 자식의 마음으로는 삼 개월의 봄 햇살 같은 어머니 사랑에 보답하기 어려워라[難將寸草心, 報得三春暉]"라는 구절에 보입니다.

이 시로 춘휘는 곧 따뜻한 봄 햇살 같은 어머니의 사랑을 의미하는 말로 쓰이게 되었습니다. 그런데 '희曦'가 '희羲'로 되어 있는 판본도 있어, 희羲를 복희씨를 가리키는 것으로 보아 희화羲和를 의미한다고 해석하기도 합니다.

희화는 본래 고대 전설에서 해를 몰고 다니는 신을 말하는데, 《서경》〈요전〉에서 "이에 희화에게 명하여 하늘을 공경히 따라 일월과 별을 책력으로 기록하고 관찰하여 농사의 절기를 공경히 주게 했다[乃命羲和, 欽若昊天, 曆象日月星辰, 敬授人時]"고 한 부분에 나옵니다.

곧 희화는 요순시대에 책력을 주관했던 관직을 의미하며, 여기서도 결국은 태양을 비유하는 것으로 쓰였기 때문에 판본상의 해석 차이는 크게 나지 않습니다.

'선기璇璣'는 크게 두 가지로 해석할 수 있는데, 별 이름으로 본 것과 천문 관측기구로 본 것입니다. 별의 이름으로 본 것은 선璇을 북두칠성의 두 번째 별로, 기璣를 세 번째 별로 본 것이며 천문 관측기구로 본 것은 천체의 운행과 위치를 관측하는 기구인 선기옥형璇璣玉衡, 곧 혼천의渾天儀로 본 것입니다.

《서경》〈순전〉에 "선기와 옥형을 살펴서 칠정을 고르게 했다[在璿璣玉衡, 以齊七政]"는 구절에서 보이듯이 천체의 운행을 관찰하여 백성에게 농사의 절후節候를 알려주는 유용한 기구였음을 알 수 있습니다. 두 가지 해석 모두 일리가 있으나, 뒤에 나오는 '회백晦魄'이 달에 관한 것이므로 앞의 구절과 대구를 이룬다고 보아서 별의 이름으로 풀이하는 것이 조금 더 타당할 것입니다.

회백은 달의 모양 변화를 의미하는 것으로 '회晦'는 그믐날이 되어 달의 광채가 모두 없어진 것을 말하고, '백魄'은 보름 뒤 달의 형체에 검은 부분이 생겨남을 말하는 것입니다. '환조環照'는 달이 날짜를 오가며 비추기를 반복한다는 뜻입니다.

지신指薪은 '손가락으로 땔감을 밀어 넣는다'는 말로, 《장자》〈양생주養生主〉에 나오는 고사입니다. 노자가 죽을 때, 그의 친구 진실秦失이 "손가락으로 땔나무를 계속하여 밀어 넣으면, 불은 계속 타고 결코 꺼질 줄 모른다[指窮於爲薪, 火傳也, 不知其盡也]"라고 했습니다.

    이는 곧 불을 생명에 비유하여, 결코 꺼지지 않는 불처럼 생명이 불멸함을 뜻하는 말입니다. 후대에 그 의미가 확대되어 스승과 제자 사이에 학문이 계속 전해지게 되는 것을 뜻하기도 합니다.

    우祐는 하늘의 보살핌으로 내려주는 복을 의미하며, 이를 받기 위해 선행을 쌓고 마음을 수양해야 함을 가르치고 있습니다. '영유길소永綏吉劭'는 영원히 편안하고 길상吉祥이 아름답다는 말로, 유가에서 말하는 궁극의 이상적인 목표가 될 것입니다.

矩步引領　俯仰廊廟

법 구　걸음 보　이끌 인　거느릴 령　　구부릴 부　우러를 앙　행랑 랑　사당 묘

걸음을 바로하고 목을 꼿꼿이 세우며
조정에 오르고 내린다.

束帶矜莊　徘徊瞻眺

묶을 속　띠 대　자랑할 긍　씩씩할 장　　배회할 배　배회할 회　볼 첨　바라볼 조

관대를 갖춤에 엄숙하고 장경莊敬 하니
배회하는 사이에 사람들이 우러러본다.

孤陋寡聞　愚蒙等誚

외로울 고　더러울 루　적을 과　들을 문　　어리석을 우　어릴 몽　같을 등　꾸짖을 초

고루하고 견문이 좁은 자들은
우매하고 몽매한 자와 같이 비웃음을 사게 될 것이다.

矩 법 구

나무나 쇠를 가지고 'ㄱ'자 모양으로 만든 자를 뜻한다. 네모꼴을 만드는
데 사용하는 기구로, 법칙이나 모범의 뜻으로 확대되어 쓰인다.

領 거느릴 령

여러 가지 뜻이 있는 글자로, 음을 담당하는 '령令'과 의미를 담당하는 '혈頁'이 합해져 구성되었다. 머리[頁]는 신체에서 가장 윗부분에 있으므로 우두머리라는 뜻을 가지고 있는데 명령하다, 목, 중요한 부분, 옷깃 등 여러 의미가 파생되었다. 여기서는 '목'의 뜻으로 쓰였다.

廊廟 행랑 랑 | 사당 묘

조정에서 정사를 논하는 건물로, 후에 조정의 의미로 확대되어 쓰였다.

矜莊 자랑할 긍 | 씩씩할 장

엄숙하고 장경莊敬함을 말한다.

瞻眺 볼 첨 | 바라볼 조

높은 곳에서 멀리 바라본다는 뜻이다.

孤陋 외로울 고 | 더러울 루

견문과 학식이 부족함을 말한다. 여기서 고孤는 '외롭다'는 뜻이 아니라 '어리석다'는 의미로 쓰였다.

愚蒙 어리석을 우 | 어릴 몽

우매하고 무식하여 실정에 어두운 사람을 말한다.

誚 꾸짖을 초

본래 '꾸짖다', '나무라다'의 의미인데 여기서는 '비꼼을 당하다', '비웃음을 사다'의 뜻으로 쓰였다.

내 나이 일흔 살이 되자 마음이 시키는 대로
따라 해도 법도에 넘치는 법이 없게 되었다.

천자문의 마지막 단락입니다. 여기서는 개인의 행동 지침과 수신, 그리고 처신에 관한 도리를 서술하면서 지금까지의 논지를 보충하고 있습니다.

'구보인령矩步引領, 부앙랑묘俯仰廊廟'는 조정에 오르는 관료의 모습을 묘사하는 것으로 매우 단정하고 장중한 모습을 느낄 수 있습니다. '구보矩步'는 곱자로 잰 듯이 똑바로 걷는다는 의미로, '구矩'에 대해서는 《논어》〈위정〉에서 다음과 같은 공자의 말이 보입니다.

내 나이 일흔 살이 되자
이제 마음에 하고 싶은 대로 따라 해도 법도에 넘치는 법이 없게 되었다.
七十而從心所欲不踰矩

이 문장을 보면 곱자의 의미에서 법칙, 법도의 뜻으로 확대되어 사용된 것을 알 수 있습니다. 여기서는 걸음걸이가 자로 잰듯이 매우 바르다는 뜻으로 쓰였습니다.

인령引領은《맹자》〈양혜왕 상〉에서 '모두가 목을 빼고 그를 바라본다[皆引領而望之]'고 한 말에서 나온 것으로, 목을 죽 빼고 꼿꼿하게 세운 모양을 말합니다. '령領'을 옷깃의 의미로 보아 인령引領을 '옷깃을 가다듬다'로 해석하기도 합니다.

부앙俯仰은 고개를 굽어보고 위로 올려다본다는 의미로, 이 역시《맹자》〈진심 상〉에 나오는 말입니다. 이는 맹자가 말한 세 가지 즐거움[三樂] 가운데 하나에 해당하는 말로, 곧 "위로는 하늘에 부끄럽지 않고, 아래로는 사람에게 부끄럽지 않은 것[仰不愧於天, 俯不怍於人]"입니다. 여기서는 걸음을 바로하고 자세를 꼿꼿하게 하여 조정을 오르내리는 일상적인 움직임을 말하였습니다.

속대束帶는 관을 쓰고 띠를 매는 것으로, 다른 사람을 향하여 예의를 갖추어 공경과 존중을 나타내는 복장입니다. 이는《논어》〈공야장〉에서 공자의 제자인 공서적公西赤을 평가하면서 "적은 관복을 차려입고 조정에 서서 빈객을 접대할 수 있다[赤也, 束帶立於朝, 可使與賓客言也]"고 한 말에도 보입니다.

긍장矜莊의 긍矜은 '신중하다'는 뜻이며, 장莊은 '엄숙하다'는 뜻입니다.《사자소학》에는 사람이 이 세상을 살아가면서 마땅히 지녀야 할 올바른 용모와 생각으로 '아홉 가지 용모[九容]'와 '아홉 가지 생각[九思]'이 필요하다고 가르치는 대목이 나옵니다.

구용과 구사는 각기 《예기》〈옥조玉藻〉와 《논어》〈계씨季氏〉에서 유래되었는데, 원문을 살펴보면 다음과 같습니다.

군자의 용모는 여유가 있고 느긋해야 하니 존경할 만한 사람을 보면 곧 삼가고 공손해야 한다. 발 모양은 무겁게 하며, 손 모양은 공손히 하며, 눈 모양은 단정하게 하며, 입 모양은 삼가야 하며, 소리는 고요하게 하며, 머리 모양은 곧게 하며, 기운은 엄숙하게 하며, 서 있는 모양은 덕이 있게 하며, 얼굴 모양은 장엄하게 해야 한다. 앉아 있을 때는 시동尸童과 같이 하며, 한가하게 거처하며, 말할 때는 온화롭게 한다.
君子之容舒遲, 見所尊者齊遬. 足容重, 手容恭, 目容端, 口容止, 聲容靜, 頭容直, 氣容肅, 立容德. 色容莊, 坐如尸, 燕居告溫溫

군자는 아홉 가지 생각함이 있으니 볼 때는 밝게 볼 것을 생각하고, 들을 때는 귀 밝게 들을 것을 생각하며, 얼굴빛은 온화할 것을 생각하고, 용모는 공손할 것을 생각하며, 말은 진실할 것을 생각하고, 일은 경건할 것을 생각하고, 의심나는 것은 묻기를 생각하고, 분할 때에는 훗날의 어려움을 생각하고, 얻는 것을 보면 의를 생각한다.
君子有九思, 視思明, 聽思聰, 色思溫, 貌思恭, 言思忠, 事思敬, 疑思問, 忿思難, 見得思義

배회徘徊는 목적 없이 이리저리 떠돌아다니는 것을 의미하는

데, 여기서는 편안하게 천천히 걸어가는 모양을 말했습니다.

'고루과문孤陋寡聞'은《예기》〈학기學記〉에서 "혼자 배우고 친구가 없으면 고루하고 또한 과문하게 된다[獨學而無友, 則孤陋而寡聞]"는 말에서 유래된 것입니다. 고루는 고지식하고 완고한 사람을 일컫는 말로《맹자》〈고자 하告子 下〉를 보면, 맹자가 고자에 대해 다음과 같이 평한 말이 있습니다.

> 고루하구나, 고자가 시를 논한 것이며.
>
> 固矣夫, 高叟之爲詩也

이는 고자가《시경》의 〈소변小弁〉이라는 시에 대해 그 내용이 어버이를 원망하는 것이므로 소인의 저작이라고 평가한 것과 관련됩니다. 맹자는 한쪽 면만을 보는 고자의 좁은 식견에 크게 실망했기 때문에 위와 같이 말했던 것입니다.

'과문寡聞'은 여러 경험을 하지 못하여 견문이 좁은 상태를 말합니다. 이처럼 고지식하고 견문이 적은 자라면 어리석고 무지몽매한 사람들과 동급으로 엮여 함께 비웃음거리가 될 것입니다.

謂語助者 焉哉乎也

이를 위　말씀 어　도울 조　놈 자　　어조사 언 어조사 재 어조사 호　이끼 야

어조사라 이르는 것은
언자, 재자, 호자, 야자 등이다.

謂 이를 위

이르다. 일컫다. 설명하다

語助 말씀 어 ┃ 도울 조

실질적인 의미를 가지고 있지 않고, 다른 글자를 보조하여 쓰이는 글자
인 어조사語助辭를 말한다.

者 놈 자

이 글자는 크게 '~한 사람'이라는 의미와 '~한 것'이라는 의미로 나뉘어
해석에 주의해야 한다. 여기서는 '~한 것'의 의미로 쓰였다.

실질적인 뜻은 없으면서도 다른 글을 보조하여
문장의 어세나 어감에 영향을 주는 말이다.

천자문의 마지막 문장은 각종 어조사들을 나열한 것입니다. 대미
를 장식해야 할 마지막 문장에 지금까지의 내용과 다소 동떨어진
어조사가 나열되어 적지 않게 당황스러운 느낌이 있을 것입니다.
이는 양무제梁武帝 때 주흥사周興嗣가 천자문을 짓다가 마지막 여
덟 글자가 부족한 나머지 어조사로 내용을 채운 것이라고 전해지
고 있습니다.

그러나 이에 대한 고사를 역사서에서 찾아볼 수 없으므로 이는
어디까지나 가설일 뿐입니다. 아마도 마지막 두 구에서 문장을 이
루기 힘든 어조사만을 나열한 것에 대해 여러 학자들의 추정으로
나온 가설이 아닐까 합니다.

어조사란 말 그대로 실질적인 뜻을 가지고 있지 않으면서 다른
글을 보조하여 문장의 어세나 어감에 영향을 주는 조사를 의미합
니다. 여기에 나온 '언焉', '재哉', '호乎' '야也'는 모두 한문 문장의
끝에 자주 쓰이는 조사의 실제 예라고 할 수 있습니다. 각각의 어
조사가 활용되는 예를《논어》에서 살펴보면 다음과 같습니다.

• 언焉 – 어찌, 어디에, 이에, 등의 의미를 가진 어조사.

나라에 도가 있을 때에는 가난한 것과 빈천한 것이 부끄러울 만한 일이요, 나라에 도가 없을 때는 부유하고 귀한 것이 부끄러울 만한 일이다.

邦有道, 貧且賤焉, 恥也, 邦無道, 富且貴焉, 恥也.

－《논어》〈태백(泰伯)〉 중에서

• 재哉 – 주로 문장이나 구의 마지막에 형용사와 함께 붙어 '한탄', '감탄' 등의 느낌을 나타내는 어조사.

공자께서 말씀하시기를 "효성스럽구나, 민자건이여! 그를 칭찬하는 부모 형제들의 말에 대해서 의심을 두지 못한다"라고 하였다.

子曰, "孝哉, 閔子騫! 人不間於其父母昆弟之言."

－《논어》〈선진〉 중에서

• 호乎 – 문장의 끝에 붙어 의문을 나타내는 데 주로 쓰이는 어조사.

공자께서 말씀하시기를 "배우고 때로 익히면 기쁘지 않겠는가? 먼 곳으로부터 벗이 찾아온다면 즐겁지 않겠는가? 다른 사람이 알아주지 않아도 성내지 않으니 진실로 군자가 아니겠는가?"라고 하였다.

子曰, "學而時習之, 不亦說乎? 有朋自遠方來, 不亦樂乎? 人不知而不慍, 不亦君子乎?"

－《논어》〈학이〉 중에서

• 야也 – 평서문에서 문장의 종결에 주로 쓰이는 어조사.

공자께서 말씀하시기를 "꼭 모셔야 할 귀신이 아닌 귀신을 제사 지낸다면 이는 아첨하는 것이다. 의로움을 보고도 행동하지 않는다면 이는 용기가 없는 것이다"라고 하였다.

子曰, "非其鬼而祭之, 諂也. 見義不爲, 無勇也."

–《논어》〈위정〉 중에서

訪
.
.

인문학의 첫걸음

천자문을
읽는다

초판 1쇄 인쇄일 2023년 6월 15일
초판 1쇄 발행일 2023년 6월 23일

지은이   윤선영
발행인   양혜령
주간   이미숙
책임편집   김진아
책임디자인   김은주
책임마케팅   조명구
경영지원   이지연

발행처   홍익피앤씨
출판등록번호   제 2023-000044 호
출판등록   2023년 2월 23일
영업본부   경기도 고양시 백석동 1324 동문굿모닝타워 2차 927호
대표전화   02-323-0421
팩스   02-337-0569
메일   editor@hongikbooks.com

이 책은 《다시 시작하는 인문학 공부》의 재출간입니다.

홍익P&C는 HONGIK Publication & Communication의 약자입니다.

ISBN   979-11-982552-8-0 (03190)